グループホームの作り方
——ハンディのある人の住む所——

仲 本 靜 子 著

創 風 社

はじめに

　親も齢を重ねて，障害を持った子供をグループホームに入れて自立させたいと思う人はたくさんいるかも知れません。しかし現状ではグループホームは全く足りていません。

　考えてみれば普通の人は成人になれば，親から独立して生活し，アパートを借りたりマンションを買ったりしますね。障害のある人たちはハンディがあるので，行政や他の人などから応援してもらってグループホームに入り，街の中で生活するというのは当たり前のことではないかと思っています。

　本書では比較的障害の重い人を例にしていることが多いかも知れません。今迄障害の重い人はグループホームに，なかなか入れなかった事実があります。最近では増えてきていますがまだ少ないはずです。

　なお，第3章では軽度の人が住む所を書きました。

　ほとんど東京都の情報を入れましたが，国の制度ですので各道府県とも補助金の違いはあっても，道筋はそれ程違わないと思います。

あゆみ

　かつて，障害者は座敷の奥に閉じ込められたり，人里離れた「入所施設」に住まわせられたりしました。様々な運動や活動を経て，1970年頃から障害のある人もない人も助け合い，住み慣れた地域で当たり前に暮らすという＝ノーマライゼーションと言う考え方が広まってきました。

　平成元年，精神薄弱者地域生活援助事業（知的障害者グループホーム）が制度化されました。この制度によって主に軽度の人たちが少しずつグループホームに住み始めました。

　平成15年4月支援費制度が導入されて，今までの措置制度から契約へと大きな一歩を踏み出しました。

　平成18年4月に障害者自立支援法が施行されました。この法律は身体，知的，精神と今までバラバラだったサービスを共通の制度のもとで実現できるようになりました。ただ多額な利用料を支払う応益負担は問題でした。

　平成25年4月，障害者総合支援法が施行され，相談支援事業なども入り充実してきました。また高次機能障害や発達障害，難病のある人が入居可能になりました。

平成 28 年 4 月に障害者差別解消法が施行されました。
　グループホームを作る時に，近隣から反対運動がおこることがあります。今まではこれで作るのを諦めたり，区市町村からの推薦状がもらえなかったりしました。しかしこの法律ができて大きな味方になりました（勿論日常生活を送る上では，ご近所の方とは仲良くしたいものですが）。

　諸先輩たちの努力のおかげで，いわゆる施設ではなく家庭の延長上にあるグループホームがとても作りやすくなってきました。

目　次

はじめに……………………………………………………………………3

あゆみ………………………………………………………………………4

第1章　グループホームを作ろう！……………………………………11
　1　なかまを集める　11
　2　資　金　12
　　（1）既存の住宅を借りて，改装工事をする場合　12
　　（2）借地で新築を建てる場合　14
　　（3）どうしても借地が見つからない場合　15
　3　個人では作れない　16
　4　ある程度，話がまとまってきたら　17
　5　設計士を探して，事前相談に行こう　18
　6　ここでとりあえず，用語の説明　19
　7　東京都の補助金のまとめ　22
　8　利用者の1ヵ月の経費例　23
　9　入札制度について　24
　10　運営規定，共同生活援助重要事項説明書，契約書について　24
　11　就業規則や慶弔規定について　24
　12　常勤職員，非常勤職員，宿直の採用について　24
　13　事業者指定の申請にかかわる書類　26
　14　税金関係　26

15　訓練等給付費請求関係　27
　　16　福祉，介護職員処遇改善（特別加算）　28
　　17　火災保険，利用者の保険，その他　28
　　18　ピンチの時　29
　　19　大まかな財政　29
　　20　内覧会　30
　　21　開設準備　30
　　　　見取り図と写真　32

第2章　いよいよ開設です！　……………………………………39
　　1　職員の配置　39
　　2　利用者　39
　　3　時　程　39
　　4　食　材　40
　　5　洗　濯　40
　　6　掃　除　41
　　7　送　迎　41
　　8　余暇活動　41
　　9　地域との交流　42
　　10　近隣との関係　42
　　11　避難訓練と災害対応マニュアルと貯蔵　42
　　12　消防関係の点検　43
　　13　虐待防止委員会　43
　　14　助成金　43
　　15　職員と利用者の懇談会やカンファレンス　44
　　16　出勤や退勤　44

8
　　17　グループホーム連絡会　44
　　18　長期の休みとお楽しみ　45
　　19　後見人，遺産相続，遺言状　45
　　　（1）家や預金などの相続　45
　　　（2）誰を後見人にするか　46
　　　（3）人工呼吸器や胃瘻をどうするか　46
　　　（4）葬式はどのような形にするか　46
　　　（5）後見監督人はだれにするか　46
　　20　グループホームで最期まで看取れるか　47

第3章　軽度の人の住む所！……………………………………49

お わ り に………………………………………………………52

《附　録》
　1　29年度グループホーム（ユニットを増やそう！）と
　　　別冊資料から………………………………………………54
　2　常勤職員就業規則と慶弔見舞金規定例………………68
　3　非常勤職員就業規則と慶弔見舞金規定例……………81

グループホームの作り方
――ハンディのある人の住む所――

第1章　グループホームを作ろう！

1　なかまを集める

　とりあえず，作る人は4,5人いれば何とかなります。2人位で作るという選択肢もありますが，偏りがでる可能性もありますし，出来たけれど入る人がいない，なんて事があります。

　利用者は4人から作れますが，運営を考えると5人位からでしょうか。6人，7人いる所もありますが，あるグループホームの世話人さんが「夜日誌を書く時に5人は思い出すけれど，6人目から覚えていないだよね」と言っていました。利用者が増える場合は職員配置にも気を付けないといけませんね。

　利用者がどのような障害，どの程度の障害の組合せが良いのかも気になります。

　例えば元気な自閉症の人達の中に，足の不自由な人がいたとします。エレベーターが必要になります。「今要らないのに」と思う人がいるかも知れませんが，いずれ皆，年をとって必要になります。少なくとも設計の段階でスペースだけは取って置きましょう。

　確かに同じような障害，程度で集まった方が一緒に行動する時など楽な面もありますが，色々な人がいた方が社会と同じで賑やかで豊かになるような気がします。

　なかまが集まったら，いくつかのグループホームを見学させてもらいましょう。忙しいなかを対応していただくのですから，こちら側も配慮も忘れずに。

東京都の場合ですが，毎年5,6月ごろ「グループホームに係る説明会」が行われます。都のホームページに出てきますので，参加されると資料をもらえますし勉強になります[1]("東京都障害者サービス情報"で検索して"書式ライブラリー"に行って下さい)。

1) 都庁の中では福祉保健局障害者施策推進部地域生活支援課，居住支援担当が係です。第一本庁舎26F南側　Tel：03—5320—4377, Fax：：03—5388—1408

また急ぎませんが市区町村の福祉課に出向いて，まだ受けていない人は，障害程度区分認定を受けて置きましょう。保護者の話し方次第のところもあるので，なるべくきちんと説明しましょう。例えば「入浴は一人で出来ます」という時でも，洗身だけでなく，入る準備から後片付けまで出来ないと入浴が出来るという事ではありません。なお障害区分が重い方がグループホームの収入が多くなり，運営が楽になります（障害の重い方から，区分6～区分1に分かれている。障害が軽すぎて区分なしの例もあります）。

2　資　金
これはどのようなグループホームを作るかによって変わります。

（1）既存の住宅を借りて，改築工事をする場合
居室は最低でも 7.43 m² （四畳半位）以上必要です。その他にクローゼットのような物も必要になります。それから5人に1つ位の浴室（介護が必要になった時のことを考えると広めなもの），トイレ（2ヵ所以上あると良い），洗面所（2ヵ所以上あると良い），リビングダイニング，台所，玄関が必要になります。

まず消防関係の基準や建築関係の基準をクリアしなければなりません。ご当地の消防署や建築主事に訊いてください。窓先空き地 1.5 ㎡とか，2方向避難など図面だけでなく写真も説明に必要になるかも知れません。またサービス事業として使うには，用途変更の手続きが必要になる場合があります（寄宿舎とか共同住宅という名称にする）。

大家さんとの契約も法人が改装するのか，大家が改装するのか（補助率が違います），また改装すると固定資産税や火災保険が上がるが，家賃はどうするのか等の話し合いが必要です。

東京都の場合は，家屋借り上げ費（礼金，仲介手数料の4分の3の補助金が出ます）。また改装費の8分の7の補助金がでます＊（法人が改装するばあい）⇒ p.54の「都の補助制度」参照。

経験のある設計士さんや公共事業に参加資格のある工務店を見つけなければなりません。他のグループホームを見学したときに教えてもらうのもよいですね（後述しますが，補助金を使う場合，工務店は入札制度で選びます）。

既存のアパートや一軒家を借りて改装する場合のメリットは，比較的お金がかからないことが多いです。

しかしデメリットもあります。日本のように地震の多い国では，古い物件の場合，耐震工事が必要な場合があります（申請の時に共同生活援助事業所に置ける耐震化に関する調査書が必要）。

また木造の場合は間取りの変更など比較的簡単ですが，コンクリートはかなり難しいことがあります。それから外から見えない配管状況など，思わぬ落とし穴にも注意が必要です（建築基準法に適合すること）。

さらに付け加えると，消防法が変わって平成27年度から障害支援区分4以上の利用者が8割を超える場合，（6項のロという名称で呼

ばれる）スプリンクラーや自動火災報知設備などが設置義務となりました。6項のロ以外の6項のハも自動火災報知設備が義務になりました（経過措置は平成30年3月31日）。

⇒ p.56「消防法令の一部改正について」と p.58「安全対策補助事業」参照。

（2）借地で新築を建てる場合

東京都の場合ですと，定期借地権の一時金に対して，2分の1の補助金が出ます。また賃借開始から5年間借地料の一部が補助されます（施設サービス支援課生活基盤整備担当）。⇒ p.60「定期借地権の一時金に対する補助事業について」参照。

最近はずいぶん空き地などを目にするようになりました。口コミや不動産業者，地元の民生委員さんなど色々あたると見つかるかもしれません。入居者一人当たり10坪あると理想ですが，建ぺい率の問題もあり一概には言えません。ただあまり狭いと駐車場をとれず，利用者が高齢になった時，後悔するかもしれません。

それから一般の住宅を建てるわけではないので，私道の問題などはかなり厳しくなります。例えば道路が凸型で中に入る私道の場合，消防法の関係で一般の住宅より距離が厳しくなります。東京の場合ですと，立川合同庁舎や小平合同庁舎の東京都建築指導事務所などに相談しましょう。契約はしたけれど建てられないのでは困りますから。

50年くらいの定期借地権のついた土地に，新築の家を建てるというのが，理想かもしれません。東京都の場合ですと，8分の7の補助金が使えます。

借地に新築する場合のメリットは，自分たちの思い通りの間取りや設備が実現できます。そして耐久性もあります。

デメリットは借家よりはお金がかかる可能性があります。

（3）どうしても借地が見つからない場合

　実は私たちはこのケースでした。もっと時間をかければ，見つかったかもしれませんが，利用者の平均年齢が40歳くらいでしたので（親の年齢は推して知るべしですが）結構急いでいました。それで不動産業者に紹介してもらった土地を買いました。道路の問題も市道でしたのでクリア出来ました。

　スーパーマーケットやコンビニが近くにあります。住宅地というよりは街中に近いので，利用者が少しくらい騒いでも車の騒音が消してくれるような気がしています。土地を契約する前にご近所に挨拶にいきましたが，特に反対の声はありませんでした。

　土地代は利用者の親が負担して地主となりました。

　地主と利用者が同じという事は，法律上「利益相反」という事になり，一応特別代理人を立てたり，総会をしたりして書類上は何とかクリアできました（これには都の助言がありました）。

　その土地に都の補助金を使って建物を新築しました。東京都の人たちからは，その年に建ったグループホームのなかで一番良い間取りだと褒めてもらいました。設計士さんのおかげですが（⇒p.32，33に設計図が載せてあります）。

　なお最近エレベーターの設置が指導されますが，居室を1階に全部持って来るとクリアできます。夜中の火事が危ないからでしょうね。エレベーターは出来れば後で設置できるようにしておくとベストです（元気なうちは要らないし，毎月の点検料がばかにならないのです）。

　メリットは間取りも設備もほぼ思い通りの物ができました。

　デメリットはお金が大分かかったことです。土地代が一人600万円，建物代が150万円近くになりました。利用者は20歳から年金がもらえますので，少しでも貯めておくとこんな時に役立ちますね[2), 3)]。

2）土地を買うと，古い建物が残っている場合があります。解体業者に頼んで壊してもらいます。解体したら解体証明書をもらって，元の地主の印鑑証明も持って，登記所に行って「滅失登記」をします。ただし，壊すと固定資産税がかなり高くなりますので，建てる少し前に解体するのが，理想です。

3）東京都の指導では土地を買ったり，借りたり，建物を借りたりする場合，確約に留め，本契約は都の「内示」後にしなさいという指導ですが，申請書類を出してから内示まで3ヵ月位です。そんなにタイミングよく見つかるかな？ という事と見つかってもすぐに契約出来ないというのは，大家さんなり地主が余程大らかな方か知人でないと難しいかなというところですね。ただ先に書きました通り，私道が消防法や建築基準法に適さないとか土地の抵当権の有無とか，借りる建物にも気を付けないといけないことは沢山あります。基準に合わない場合は「内示」はおりません。

3　個人では作れない

グループホームは社会的資源という呼ばれ方もします。たまにですが，お金を出したのだから自分たちの物と勘違いする人がいますが，公の建物です。ですから個人の名義では建てることはできません。

既存の法人——例えば社会福祉法人とかNPO法人（正式には特定非営利活動法人）とか一般（公益）社団法人，一般（公益）財団法人，これらは東京都では社会福祉法人等と言って補助率が高いです。また最近では民間企業（補助率は低い）でも良いようですが。これらにお願いすれば，比較的楽に出来ます。

しかし依頼先の法人の考え方がどうしても優先されますから，自分たちが思い描いていたものとは違ったりします。

NPO法人はそれ程難しくなく立ち上げられますから，高齢でなければ，自分たちで法人を作って運営していくのも面白いかもしれません。

NPO法人を立ち上げるには，先ず定款などの書類を作成して，理事

3名以上，監事1名以上，会員（社員）を10名ほど集めて設立総会をしなければなりません。それから例えば都に書類を提出するのですが，認証されるのに4，5ヵ月かかります。参考図書は東京都文化局が出版している『特定非営利活動法人ガイドブック』580円。都庁内の本屋さんや紀伊国屋書店のような大きな本屋さんに置いてあります。

　一般社団法人は一般社団・財団法人法に基づいて，設立できます。2名以上の社員と理事1名以上が集まればよく，営利追及をしない活動を行います。先ず定款を作成して公証人役場で認証を受けて，ご当地の法務局で登記の手続きをすればよく，1ヵ月位で完了するので，あまり時間がない時には手っ取り早く作れますね。ただしNPO法人より費用はかかります。

4　ある程度，話がまとまってきたら

　皆で話し合って，何とか行けそうだということになったら先ず，地元の役所に相談に行きましょう。名称は色々ですが障害福祉課のようなところです。福祉課が土地の情報を持っていることもありますし，後に推薦状（正式には意見書という。例えば東京都に対しての）を書いてもらわなければなりませんから，日頃から意思疎通は欠かせません。役所に行ったら進捗状況を知らせましょう。

　色々な事が少し分かってきたところで，皆でどんなグループホームにしたいか，話し合っておきましょう。一人一人違うでしょう。ここでしっかり摺り合わせをしておくことは，後に大切になってきます。人間が集まると人数分だけの価値観や審美観などがありますが，揉めそうになった時は，利用者のためにという原点に戻りましょう。

5 設計士を探して、事前相談に行こう

　物件とか土地のめどがついたら、設計士を探し基本設計を書いてもらわなければなりません。なるべくでしたら過去に設計の経験のある人が良いですが、初めての人でもプロですからOKしてくれれば大丈夫でしょう。

　こちらの希望もどんどん言いましょう。楽しい時間です。

　因みに本設計料は建築の補助金の中に組み込めるので、基本設計料の配分はできるだけ低くしてもらうのが得策です。例えば全体の設計費が200万円だったとします。基本設計は1割に抑えてもらって、20万円を現金で支払います。残り180万円は補助金のなかに組み込めます。但し補助金が出るのが建設完了後ですので、残りの支払いもその時になります。こういう仕事が初めての設計士さんには事前に話して、了解を取っておきましょう。

　東京都に対して指定申請をもらう場合、福祉保健局障害者施策推進部地域生活支援課居住支援担当に事前に予約して、基本設計図を持って、設計士さんと一緒に行って話をしたほうが良いでしょう。

　また行く前にパソコンで、「東京都障害者サービス情報」＞「書式ライブラリー」よりダウンロードして、エントリーシートに記入して持参しましょう。ちょっと難しい言葉、例えば介護サービス包括型、外部サービス利用型とかバックアップ体制とか連携医療機関とかいう言葉が出てきますが、後で決めればよいので、空けておいて大丈夫です。

　いろいろ質問されたりしますが、こちらからもわからないことは、遠慮せず訊いていきましょう。それから補助協議書類がわたされます。締め切りなど気をつけましょう。

　ここからは書類との闘いですが、私は頭の体操と割り切りました。

図表1—1　平成29年度補助協議スケジュール

第1期	エントリーシート受付〆切	5月30日
	補助協議受付〆切	6月30日
	審査・現地調査	7月中旬頃
	補助内示	8月上旬頃
第2期	エントリーシート受付〆切	9月15日
	補助協議受付〆切	10月17日
	審査・現地調査	11月中旬頃
	補助内示 11月下旬頃	11月下旬頃

メンバーが4,5人いるとだんだん何が得意か見えてきます。役割分担をしながら乗り切りましょう（図表1—1）。

6　ここでとりあえず，用語の説明

〈介護サービス包括型〉

自分たちで採用した世話人生活支援員により，食事や排せつなどの介護サービスを提供する。介護までいかなくてもこの型を取る所は多い。

〈外部サービス利用型〉

家事など日常生活上の援助を行う。介護サービスについては，外部の居宅介護支援事業所に委託する。

〈バックアップ体制〉

例えば急に支援員や宿直が休みになったという場合，助けて貰う所。

他の障害者施設に当たってみましょう。

〈連携医療機関〉
なかなか見つけるのが難しいですが，高齢者の訪問診療などをやっている所ですと，受けてくれることがあります。

〈サテライト型住居〉
本体のグループホームから20分くらいの距離迄で，一人暮らしに近い形で生活する住居。

〈夜間支援体制〉（3つに分かれる）
　Ⅰ：夜間支援従事者を配置し，必要な介護支援を提供する。
　Ⅱ：夜間支援従事者を配置し，定時的に居室の巡回や緊急時の支援を提供する。
　Ⅲ：利用者の呼び出しに速やかに対応できるように，常時連絡体制が確保されている場合。または警備会社と委託契約している。

〈管理者〉
常勤であって，事業所の従事者及び業務等を一元的に管理する人。他の仕事を兼ねてもよい。

〈サービス管理責任者〉
資格要件が必要です。個別支援計画の作成や従業者に対する技術指導など。世話人を兼ねても良い（図表1－2）。

第1章 グループホームを作ろう！ 21

平成29年5月30日時点

図表1−2

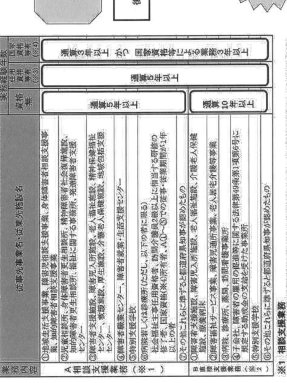

資料：東京都福祉保健局「障害者グループホーム」平成29年度説明会資料。

〈世話人〉

食事の提供や健康管理，金銭管理の援助など。

〈生活支援員〉

食事や入浴，排せつなどの介護など。

7 東京都の補助金のまとめ

（1）整備費補助

前に少し書きましたが，ここでまとめておきます。

　創設（新築）及び改築に，社会福祉法人等は（NPO法人も含まれます），8分の7の補助金が出ます。また消防設備も6項のロ（上限450万円まで），6項のハ（上限120万円まで）に該当する場合，補助金が8分の7出ます（それ以外でも区市町村で独自の補助制度もあるようです）。

　また新しく防犯設備の補助金として上限50万円で社会福祉法人等は8分の7が出ます。防犯カメラなどの設置ができます。

　さらに設備整備費として1件10万円以上で100万円まで補助されます。無論8分の1は自分たちの支払いになりますが。これで冷蔵庫やテレビ（共同で見るもの），ダイニングセットやリビングルームセットや洗濯乾燥機など生活に必要なものを揃えられます。

（2）開設準備経費補助

　これも前に書きましたが，家屋借り上げ礼金，仲介手数料の4分の3が出ます（75万円まで）。

　その他に開設準備経費というのが出ます。30万9000円迄ですが，金額のしばりがないので，清掃道具や鍋，皿の類まで買えます。これ

は又職員の賃金や研修にも使えます[4],[5]。

4) 事務やカタログ集めなどが大変ですが（特に電気製品は価格が短期間で）変わっていくので皆さんの税金を使うのですから仕方ありません。またカード利用のポイントなどは固く禁止されています。
5) 大きな注意点は内示前に設計・施行管理契約，工事請負契約，備品購入は行わないこと。補助金の対象になりません。

8　利用者の1ヵ月の経費例

東京都近郊で小遣い，被服費，交通費，病院などの費用は別です（図表1—3）。

図表1—3　1ヵ月の経理費

グループホーム　A

光熱費	12,000円
日用品	5,000円
食　費	28,000円（朝250円，昼400円，おやつ100円，夜400円）
家　賃	45,000円

90,000円（国の家賃補助1万円があり実質80,000円）

グループホーム　B

光熱費	8,000円
日用品	9,000円
食　費	28,000円
家　賃	43,000円

88,000円（実質78,000円）

9 入札制度について

入札制度については,きちんとした入札事務説明会が行われますので,詳細は避けますが,昨今の建築ブームやオリンピックを控えていたりしているので,かなり施行業者が見つけ難くなっています。また不景気の時は人気があるのですが,公の仕事は書類が面倒なうえ,すぐにお金が入ってこないなどの理由で,とかく敬遠されがちです。

入札資格のある業者さん2,3社に,事前に応募してもらうように話しておくのも良いかと思います。

なお,あらかじめホームページを開設しておくと公告の時に便利ですし,その後の職員の募集や広く社会的な信用を得るためにも有効です[6]。

6)公告とは入札条件などを広く世に知らせることです。

10 運営規定や共同生活援助(介護サービス包括型)重要事項説明書や契約書等は,パソコンで「東京都障害者サービス情報」から資料がもらえます。

11 就業規則や慶弔規定について

最後に参考までに資料を載せます。⇒p.68〜を参照。

12 常勤職員,非常勤職員,宿直等の採用について

グループホームは「介護サービス包括型グループホーム」と「外部サービス利用型グループホーム」に分けられる訳ですが,ここでは前者の「介護サービス包括型グループホーム」を例とします。

①管理者

　運営を他の法人に依頼する場合は，そちらの法人の人に兼ねてもらうことが出来ます。自分たちで運営する場合は，初めての場合は管理者とサービス管理責任者を兼ねても大丈夫です。出来れば別の方が良いのですが，経営的に何とかなりそうになってから考えるという手があります。

②サービス管理責任者

　実務経験や年数など資格要件が厳しいので，しっかり調べてから採用しましょう。なお資格要件のある人，例えば特別支援学校の先生は，取り敢えずサービス管理責任者になってから，1年以内に，3日ほど都が主催する「東京都サービス管理責任者研修」という講習を受ければ正式な資格が取れます（図表1—2，21頁参照）。

③世話人，生活支援員

世話人は，利用者の数÷6で，例えば，利用者が6人の場合は1人の配置になります。この計算を常勤換算と言います。生活支援員は利用者の障害支援区分で変わってきます。

④夜勤，宿直

　前に書きましたように夜間支援体制は3段階に分かれます。Ⅰの段階では夜勤と言われていて，介護的な仕事も頼めますが，費用を一晩3万円払っているという話を聞きます。Ⅱの段階では宿直と言われていて，見守り程度で，1回1万円前後は必要かと思います（勤務時間にもよります。例えばPM 7時からAM 7時までの拘束で休憩6時間，労働時間6時間など）。

採用については、ホームページに条件を書いて、採用ニュースを載せたり、知人のコネを使ったり、飯田橋の東京都社会福祉協議会が運営している「福祉のおしごと」のサイトに応募したりと、いろいろ手段はあると思います。特にサービス管理責任者は人手不足と聞きます。心掛けて少し前から探しておいた方が良いかも知れません。

また常勤者を採用すると、地元の「労働基準局」「ハローワーク」「年金事務所」を回って、基礎年金や雇用保険や厚生年金、健康保険などの手続きをしなくてはなりません。難しそうですが、昔の役所と違ってあちらも初心者と見れば、丁寧に接してくれますので、大丈夫です。必要な書類を調べて用意してから出かけましょう。

13　事業者指定の申請にかかわる書類

書類はダウンロードできますが、最終段階でかなりの分量です。今まで揃えてきた書類の集大成というべきでしょうか。事業を開始するのに必要です。みんなで手分けしてやりましょう。

14　税金関係

運営を他の法人に依頼する場合はそちらの税理士さんがやってくれるのですが、自分たちで運営しようとする場合、法人を立ち上げると法人市民税や法人都民税がかかってきます。役所に行って取り敢えず、法人市民税、都民税の減免申請書を出しましょう（事業が始まると支払わなければなりませんが）。

また事業が始まったら、経理に明るい人がいる場合は良いですが、そうでない場合は税理士さんを雇ったほうが楽かと思います。ただ税理士さんにも色々な人がいますので情報は仕入れましょう。

それから自分たちでグループホームを建てた場合は，不動産取得税が非課税になるので，手続きをしましょう。

15　訓練等給付費請求関係

グループホームの運営は障害福祉サービスの報酬が主な財源です。開設して2ヵ月は入ってきませんので，その間の運転資金は予め準備しておきましょう。

障害福祉サービスの費用の請求は，サービス提供のあった翌月10日までに国保連に請求します。

国費単価表は以下よりダウンロードできます。

東京都サービス情報⇒書式ライブラリー⇒A「共同生活援助（グループホーム）」指定申請書・変更届等⇒2「国給付費」訓練等給付費請求関係⇒障害福祉サービス費等報酬算定構造

東京都の場合，地域によって一単位単価が違います。23区は1級地というように7区分に分かれて単価が決められています。
⇒p.62「地域区分について」参照。

国費各種加算については福祉専門職員（社会福祉士など）の配置や夜間支援体制加算などがあります。⇒p.63「国費各種加算について」参照。

また国への請求は実績で行い，東京都は月単位なのでその差額が都加算となります。⇒p.64「都加算について」参照。

なお利用者の個別支援計画はサービス管理責任者に作成してもらいましょう。

報酬算定イメージについては，算定シートに事業者や利用者の基本情報を入力すると，利用者の月額報酬が概ね算定できます。⇒p.65「報

酬算定イメージ」参照。

　なお介護報酬の国保連請求については，都への届出と請求内容が異なる時，エラー・警告が発生します。支払いが不可になりますので，速やかに都と区市町村で対応してもらいます。グループホームのその他の収入としては，利用者からの家賃があります。利用者は国の家賃助成（特定補足給付1万円があり，家賃負担を減らせます），特定補足給付は報酬請求時に代理受領します。⇒p.66「国保連請求後の事務の流れ」参照。

16　福祉，介護職員処遇改善（特別加算）
　　言葉通り一定の要件を満たす場合に，職員に加算が行われる制度です。説明会が行われますが，最初は結構難しいです。
　先ずキャリアパス要件を満たす書類を提出します。キャリアパス要件はⅠ，Ⅱ，Ⅲと分かれていて，Ⅰは職員の賃金を含めた任用等の要件。Ⅱは職員の資質向上のための目標や計画を定め，研修の実施など。Ⅲは経験や資格に応じて昇給する仕組み又は定期的に昇給する仕組み等。これらの算定要件を多く満たすほど加算が多くなるという具合です。⇒p.67「福祉・介護職員処遇改善加算について」参照。
　それから毎月請求する方を選択する場合は，他のものと一緒に国保連に請求をかけます。賞与のようにまとめて1年に1回受け取る方法もあります。

17　火災保険，利用者の保険，その他
　自分たちで建てて運営している場合は，建物，家財道具に保険は必要です。
　建物を借りている場合でも家財保険は必要かと思います。

利用者の保険は色々他にもありますが，私たちはAIUの障害者向け保険に入っています。保障に対しての掛金が安いからです。探せばもっと良い保険があるかも知れませんが。

　働いている人向けの保険もありますが，労災保険もあるのでしばらく大丈夫かもしれません。その他に常勤者のための退職金の積立があります。中退共と呼ばれる中小企業退職金共済事業本部（独立行政法人勤労者退職金共済機構）というもので，しばらくは自治体の援助もあったりするのでお勧めです。

18　ピンチの時

　本当にピンチの時，周囲の先輩に相談したりすると思いますが，それでも駄目な時，内容にもよりますが議員さんに相談すると解決できる事があります。細かい内容は差し障りがありますので省略しますが，そんなこともあるのかと心の片隅に置いてください。

19　大まかな財政

　これはあくまでも目安ですが，区分4,5の人が同数位の計5人の利用者がいるグループホームの例です（図表1―4）。もっと軽度の場合には当然収入は減ります。しかし人件費などの経費も減ります（土曜日の朝，自宅に帰宅して日曜日の夜ホームに帰るケースです。すると月曜から日曜までフルに利用していることになります。夏休み，正月休みその他の祝祭日はホームを閉じています）[7]。

7）荒利益として1年に200万円位あるわけですが，利用者が入院した時や年数が経過して大規模な改修をする時のために，法人として貯蓄することも大切かと思います。

図表1—4　大まかな財政

収　入	
訓練等給付金	15,000,000円
その他（家賃など）	2,000,000円

支　出	
人件費（法定福利費込み）	10,000,000円
その他（管理費など）	5,000,000円

20　内覧会

忙しい時期なのですが，今迄お世話になった方々に完成したグループホームを見ていただきます。行政の方や地域の方，見学させていただいたグループホームの方々，利用者が通っている職場の関係者，契約した病院の方，取引銀行，NPO法人の会員の皆さん，その他たくさんの方に来ていただきましょう。床が抜けない程度ですが。これから地域で見守っていただけるよう，近所の方々も必ずお呼びしましょう。午前10時から午後3時くらいまで開けて，ゆっくりされる方にはお茶など出して和やかな時を過ごしましょう。

21　開設準備

いよいよ始まりますが，その前にお試し宿泊をします。お互い初めてという場合は何回かしても良いでしょう。始めは親子一緒に職員と夕ご飯を食べて，親たちが片づけている間にお風呂に入って貰って，ベッドに入ったら親は帰宅する。というようなパターンも良いかもし

グループホームを作っている最中も，時々本人に親は高齢になっていくから，親からは自立してこういう所で仲間と生活する旨を話して，ちゃんと援助してくれる人もいるから大丈夫という安心感を与えておくことも必要かも知れません。でも電話の会話などから，案外親が今何をしているか聞いている場合もあります。

　お試し宿泊をすることは，足りない生活用品も見えてきてとても有効です。

　それから泊まってもらった職員さんの費用は，「7　東京都の補助金」の（2）開設準備経費補助の30万9,000円の中に入れられますので，研修費として請求しましょう。

図表1-5　見取り図①

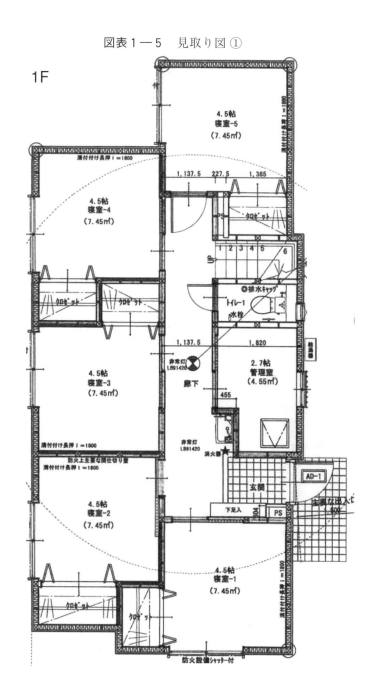

第1章　グループホームを作ろう！　33

図表1－6　見取り図②

グループホーム前景

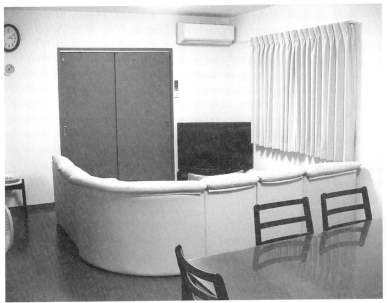

リビング

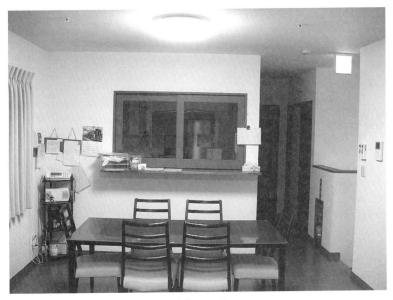

ダイニング

台 所

第 1 章　グループホームを作ろう！　　37

洗濯スペース

トイレ

個 室

第2章　いよいよ開設です！

1　職員の配置

　利用者が軽度の場合は職員の配置は1人で間に合いますが（休みの時の代替要員は必要です），重度の場合は支援員など複数の人の配置が必要です（利用者の障害支援区分によります。前出した常勤換算）。
　常勤を何人も雇えませんから，非常勤でまかなうことになります。運営していく場合，働く人の欠員はその穴埋めに結構苦労します。

2　利用者

　最初はやはり大変です。きちんと決められた時間に起きられない人，起きても次の動作に時間がかかる人，逆に早すぎる人，皆が同じようなペースになるには可成り時間がかかります。保護者の方も自宅に帰宅した時は，グループホームと同じ時間に起こすなど協力したいものです。大体月曜日はみんなペースが乱れます。
　チャンネル権争いとか普通の兄弟喧嘩のようなこともあります。まあ共同生活ですから大概のことは，「お互いさま」にしないと成り立ちません（喧嘩が多いので，テレビは個人の部屋に備えている人もいます。ラジオ派もいますが）。

3　時　程

　成員によって様々な時程があると思いますが，福祉作業所に日中通っている人たちを例にあげてみます（図表2—1）。

図表2−1　時　程

起　床	7時（着替えなどをする。自分で選ぶ人，選んでもらう人など様々）
朝　食	7時半（その後投薬，洗顔，歯磨きなど）
出　勤	8時30分
帰　所	4時10分
お　茶	4時半
入　浴	4時40分〜6時　（交代で入るので，自由時間は自分の洗濯物を畳む人，居間のテレビを見る人や個室でゲームをする人，ラジオを聴く人，雑誌を見る人など好きな時間を過ごす
夕　食	6時〜6時半
自由時間	7時〜9時
就　寝	9時（実際には眠らないが，個室に入る時間）

4　食　材

自分たちで献立を立てて，スーパーマーケットや生協などで食材を調達するのが理想的ですが，今は色々な食材業者さんがいます。2，3の業者さんに味見などをさせて貰って決めるのも良いかも知れません。値段もそうですが，質にも相当差があります。

5　洗　濯

洗濯機は乾燥機がついているものが主流ですが，かなり洋服がシワになります。

洗濯して外干しが普通かもしれませんが，雨の時，花粉が飛ぶ季節，適当ではありません。室内干しは部屋が狭くなります。お金がかかり

ますが、お風呂場にガス乾燥機を入れるのはお勧めです。仕上がりがきれいですし、思ったよりガス代がかかりません。

6　掃　除

　職員によっては掃除を嫌がる人もいます。
家庭と違って、グループホームは意外に人の出入りが多いものです。きちんと毎日掃除をすることは、利用者の健康保持にも役立つような気がします。

7　送　迎

　利用者の状態によると思いますが、最初は周囲の様子も分かりませんから、付いて行った方が良いでしょう。また1人で行けるようになっても、たまにはチェックが必要かも知れません。意外なことになっていることもあります。特定の小中学生にからかわれていたり、絡まれたりしていたケースがありました。

8　余暇活動

　最初、土日は自宅に帰ることにしても、週の間に祝祭日が挟まることがあります。
　世話人さんや支援員さんと例えば横浜中華街にご飯を食べに行ったり、近くの公園でバーベキューをしたり、買い物にでかけたりと色々企画して楽しく過ごしましょう。
　地域によっては青年学級などがあることでしょう。また移動支援事業などをうまく利用すると、いつもと違う体験ができるかも知れません。
　それから軽度の人は1人で遊びに出かけられるのですが、遅くまで

帰らないので，電話すると電源が切られていて世話人がひどく心配したという話を聞きました。

きちんと約束をして，守らない時は出かけられない等の話し合いをしなければなりませんね。

9　地域との交流

障害者を理解してもらうために，こちらも心を開く必要があります。出来たら，1年に1度くらいオープンハウスにして，バザーのようなことをしたり，お茶を飲んでもらったりしましょう。事前のチラシ配布や口コミも必要です。

10　近隣との関係

近所の人に挨拶したり，色々気を遣っても小学生や中学生に，からかわれたりすることがあります。あちらは挨拶代わりなのですが，あまりひどい場合は学校に行って，副校長に話し，朝礼などで注意してもらうことも必要です。悪気はなくても度重なると，見ていられなくなります。

11　避難訓練と災害対応マニュアルと貯蔵

消防署の指導で半年に1回，避難訓練をします。夕食の後，台所を火元に見立てて避難場所にきめた公の場所に，皆でぞろぞろ避難します。又たまには宿直室のたばこの不始末という見立てで，玄関以外の出口から出るというのをやるのも良いかも知れません。今は学校や職場でもやっているせいか結構みんな慣れた感じで参加します。

それから地震の多い国ですから，ネットなどを参考にして災害対応マニュアルを作成しておきましょう。3日分の食糧・水・コンロ・簡

易トイレ・皿に敷くサランラップなども必要です。

12　消防関係の点検

　消防関係の設備，例えばスプリンクラーなどを設置すると，その点検が1年に2回必要になります。費用は1回2万円くらいです。
　スプリンクラー等の設備は建設業者が自分たちの関係している会社に頼むのですが，後に書類を作る時に，地元の消防署とも関係してくるので，点検業者は近くの所が良いかも知れません。

13　虐待防止委員会

　東京都の指導で4ヵ月に1回くらい開きます。他の法人の方やサービス管理責任者，保護者の代表，理事などが集まり特に虐待に限らず，広くその時，問題になっていることを話合います。相互理解が大事なので必要な会議かと思います。国や都の虐待防止のための資料もありますので，活用して学習会をするのも良いかも知れません
　職員によっては，利用者を○○ちゃんと呼ぶことがあります。また利用者の世話をしてあげているのだという感覚の人もいます。どちらも利用者の人権などを考えておらず，上から目線です。利用者は○○さんと呼ぶ。自分たちは利用者にサービスを提供する仕事をしているという自覚が欲しいものです。

14　助成金

　インターネットで調べると，自動車とか，パソコンとか事業を続けていく上で必要なものを助成してくれるサイトがあります。多少の書類を用意しなくてはなりませんが，事業を始めたばかりの時はまだお金があまりありませんから，とても助かります！応募してみては如何

でしょうか。

15　職員と利用者の懇談会やカンファランス

　管理者，サービス管理責任者，世話人，宿直，理事，保護者が集まって，お茶やお菓子も用意して，1年に1回でもざっくばらんに話し合いをしましょう。

　働く人の言い分に耳を傾ける機会でもあります。

　職員には有償で日曜日などに行うとスムーズな関係を保つのに有効かも知れません。

　また講師を呼んで研修を兼ねるとベストですね。

　職員の非常に少ない所では難しいかもしれませんが，1ヵ月に1度，利用者のケース検討などを行えると良いですね。障害者総合支援法ができたおかげで，半年に1回のモニタリングは制度化されましたが。

16　出勤や退勤

　初期投資が必要ですが，ずばりタイムカードは必要です。その方が会計さんも楽だしスマートです。

17　グループホーム連絡会

　新しい試みですが，地域のグループホームの人が集まってお茶を飲んだり，時にはビールを飲んだりして親睦を深め，情報交換をします。働く人の交流の話もありますが，それぞれ労働条件などが違うので，必ずしも利害が一致しない場合もあります。利害の一致する部分を探して，交流して行くのが良いのかも知れません。

18　長期の休みとお楽しみ

　開設したばかりのグループホームでは，お盆休みとか，お正月は家に帰ることになると思いますが，何年かすると色々な事情で帰宅出来ないケースが出てきます。
　世話人さんたちと年越しそばを食べ，お雑煮を食べて初詣に出かけたという話を聞きます。
　またクリスマスにはボランティア団体にお願いして，クリスマスコンサートを開催したり，利用者の誕生日には大きなケーキを買って，盛大にハッピーバースディの歌をみんなで歌うなど楽しみがたくさんあるホームにしたいですね。

19　後見人，遺産相続，遺言状

　あって欲しくないことですが，保護者の死去の場合を考えておきましょう。
　法定の成年後見制度については，専門家に任せるとして，ここでは遺言状により後見人を定める方法を書きます。なぜかというと，法定の制度はきちんとしているのですが，費用が高い上，当然のことながら使い勝手が悪いのです。
　遺言状は自筆で書き，年月日を入れ，住所氏名を書き，判を押し封入します。
　事前に関係者には内容を話しておいたほうがスムーズでしょう。
　内容を大きく分けると次のようになります。

（1）家や預金などの財産の相続
　預金は金額でなく，銀行名や支店名，種類，口座番号などを記入する。金額だと利子などで残額が変わることがあるため。土地は登記簿上の

地番，地目，地積を記入します。家も登記簿謄本にそって書きます。

（2）誰を後見人にするか（金銭や生活の管理）

信用できる人なら誰でも良いのですが，兄弟姉妹が多いかと思います。

後見人として財産管理や身上監護の役目を果たしてもらいます。

（3）保護者と障害者本人が治る見込みのない病気に罹った時に，人工呼吸器や胃瘻を付けるのか付けないのか？　を決めておきます。

　　しかし本人に確認できる状態の時は本人に決めてもらうなども必要かと思います。

（4）葬式はどのような形にするか？

死んでしまうとどうなるか分かりませんが希望は書いておきましょう。

（5）後見監督人は誰にするか

後見を信頼できる人に託したつもりでも，人間ですから変わっていくこともあります。

第三者に監督してもらいます。選考が難しいですが。

裁判所が適当でないと判断すると，司法書士などを推薦されます。結構費用が高いので，気を付けましょう[1]。

1) 遺言状は自分たちで勝手に開封してはいけません。必ず家庭裁判所の検認を受けてください。

20 グループホームで最期まで看取れるか

　保護者の間でよく問題になるのが，グループホームでは病気になると，ホームから出されるのではないかという事です。

　実際今多くのグループホームでは終身面倒を見るという契約はされていません。

　しかしこれからは，運営側も体力をつけて（貯金とか，人ですが），利用者には後見人その他を決めて貰って，最期まで面倒を見ていかなくてはならないでしょう。

第3章　軽度の人の住むところ！

　一口に軽度の人と言っても大分幅広いものですが，一人暮らしは少し無理かな？　と言うレベルでしょうか。条件があれば兄弟，姉妹と住むという選択もあるでしょう。

　東京都の場合，軽度の人たちのためにサテライト型という近くのグループホームとの密接な連携を前提とした一人暮らしに近い住居が提案されています。しかし期間が3年程度とされているので，健康・仕事・詐欺など心配なことがたくさんあって実態にあっていないような気がします。本音を言わせてもらえば，一生ではないでしょうか。

　ここでシェアハウスという考え方を紹介します。

　恵比寿の「おかしや屋ぱれっと」と言えばご存知の方も多いでしょう。同じ認定NPO法人ぱれっとが運営している「ぱれっとの家 いこっと」という健常者と障害者が一緒に暮らしている家があります。

　7年ほど前になりますか，まだ「いこっと」が出来たばかりの時に「保谷手をつなぐ会」の皆さんと一緒に見学させていただきました。谷口美穂子さんのご案内で，一階の共用のリビングやキッチンで説明を受けました。地上3階だて，個室8，浴室，シャワー室2，トイレ3，洗面所3，などがあります。

　株式会社東京木工所グループとぱれっとの協働事業で，具体的には，（株）東京木工所が土地と建物を担い，ぱれっとが建物をサブリースで借り受け運営しているそうです。谷口さんのご主人と東京木工所の社長がお友達で，ぱれっとの考え方に賛同されての提供だそうです。

図表3—1　しくみ

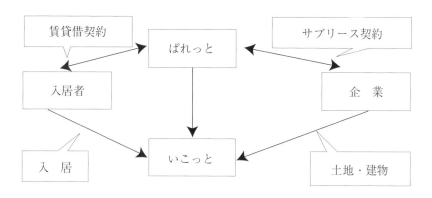

運営が難しそうですが、作る時に"ぱれっとの家づくり実行委員会ワークショップ"を開催して人を集め、完成してからは、"いこっとサポートの会"を作って運営に参加してもらっているそうです。ぱれっとは人を集めるのが上手ですね（図表3—1）。

入居条件は
・新しい家づくり計画の趣旨に賛同してくれる人。
・日常生活において、身の回りのことが基本的に自立している人
・金銭的に自立している人。

健常者5～6人にハンディのある人2～3人の割合だそうですが、細かいところでは大変そうです。普通の人と言われる人でもトイレ掃除をしたこともない人もいそうです。

これから人口が減って、空き家が増えるという話を聞きます。実行委員会を作って大勢の人に応援してもらいながら、軽度の人が普通の人と一緒に生活できたら、究極のノーマライゼーションですね。ただ、

今のところ公費の補助はありません。息の長い運営を考えると，どこか法人に属したほうが安定する事でしょう。こういう新しいタイプの家も作って行きたいものです。

おわりに

　前著『しょうちゃんの日記』から12年の歳月が流れました。その時これからの課題は，グループホームを作る事ですと最後に書いていましたが，何とか目標を達成出来ました。
　さて，私たちがグループホームを立ち上げて，そろそろ3年になろうとしています。
　この間，何組かの見学者から「グループホームを作りたいのだが」と質問を受けました。
　短時間で全部話せる内容ではないので，いつも少し悔いが残りました。この小冊子が皆さんの参考になれば幸いです。

参考文献

東京都福祉保健局「障害者グループホーム」平成29年度説明会資料。
日本グループホーム学会「障害のある人のグループホーム　設置運営マニュアル」。
認定NPO法人ぱれっとホームページ。

附　録

1　29年度グループホーム（ユニットを増やそう！）と
　　別冊資料から

2　常勤職員就業規則と慶弔規定例

3　非常勤職員就業規則と慶弔規定例

1　29年度グループホーム（ユニットを増やそう！）と別冊資料から

都補助制度について

名称	内容	対象	基準額及び対象経費		支払額	窓口
運営費加算	グループホームを運営するための国給付費＋上乗せ分の	運営法人	利用者一人当たりの日額 区分6　　9,480 区分5　　7,500 区分4　　6,390 区分3　　5,810 区分2(6:1、5:1、4:1)　4,470 区分2(10:1)　2,150 区分1(6:1、5:1、4:1)　3,220 区分1(10:1)　2,150		同左	区市町村
	家賃助成費	利用者ごと （知的障害者及び身体障害者等）	利用者の所得（月額） (1/3,000円以下) (2/3,000円以上97,000円未満)	基準額 24,000円 12,000円	基準額または家賃のうち低い額 （特定障害者特別給付費の対象者は、当該給付費を控除した額を限度とする）	区市町村
	施設借上費	運営法人 （精神障害者）	居室の家賃等	69,800円		
開設費及び補助	家賃借上げ費	運営法人 （主たる対象者が知的障害者・身体障害者等）	家屋の借上げにかかった経費 （謝金、仲介手数料）	750,000円	基準額または実際にかかった経費のうち低い額×3/4	東京都
グループホームを開始するための補助（開設前に1回限り）	開設準備経費	運営法人 （主たる対象者が知的障害者・身体障害者等）	グループホームを開設するのにかかった経費（賃金、職員研修費）、物品購入費など	309,000円	基準額または実際にかかった経費のうち低い額×3/4	区市町村
		運営法人 （主たる対象者が精神障害者）	グループホームを開設するのにかかった物品購入費など	309,000円	基準額または実際にかかった経費のうち低い額	区市町村
整備費補助 グループホーム用の建物を建築・改修したりするための補助（開設前に1回に限りの補助）	施設整備費	運営法人	創設及び改築 50万円以上の改修費	8,000千円　～　24,000千円 床面積：50㎡未満　～　120㎡以上	社福等 民間企業 →基準額または…×7/8 →基準額または…×1/2	東京都
	改修及び安全対策工事	運営法人または建物所有者		8,000千円　～　24,000千円 床面積：50㎡未満　～　120㎡以上	社福等 民間企業 建物所有者 →基準額または…×7/8 →基準額または…×1/2	
	消防設備等	運営法人または建物所有者	消防法施行令別表第一(6)項ロに該当する建物	4,500千円		
	設備整備費	運営法人	1件10万円以上の設備整備費	1,000千円	社福等 民間企業 →基準額または…×7/8 →基準額または…×1/2	

※上記以外の補助制度については、別冊資料をご覧ください。
※区市町村が窓口となっている補助制度については、区市町村により補助の実施の有無等が異なりますので、よくご確認ください。

東京都知的・身体障害者社等グループホーム開設準備経費等補助金について

(1) 補助対象
以下の3点全てを満たすユニット
① 新設または増設したユニット
② 知的障害者または身体障害者、難病患者等を主たる対象とするユニット
　（精神障害者は区市町村窓口で行っているため除く）
③ 入居定員が4名以上のユニット
（※八王子市内のGHについては、八王子市に申請する）

(2) 手続きの流れ
★ 対象法人には、メールにてお知らせします。

交付申請 → 実績報告 → 請求 → 補助金の支払

※審査期間：約1ヶ月半
※審査期間：約1ヶ月
※交付申請から支出までで約3ヶ月かかります。

★ 複数法人からの申請を一括して処理するため、記載されている期間は目安です。

(3) 補助までのスケジュール（平成29年度予定）

回数	開設月	交付申請期日
第1回	4月～6月	平成29年8月31日
第2回	7月～10月	平成29年12月15日
第3回	11月～30年1月	平成30年1月25日
第4回	30年2月～3月	平成30年3月15日

※ 詳細なスケジュールについては追ってご案内いたします。

(4) 開設準備経費
① 補助額
　基準額を309,000円とし、基準額または実績額にかかった経費のうち低い額に4分の3をかけた額（補助額上限：231,750円）
② 補助対象経費
　★ 管理事務費
　　初度調弁費・開設前の職員の給与（基本給のみ）の給与（常勤職員相当額を除く）の1ヶ月分）、研修費等
　　初度調弁費：備品購入費、消耗品費、備え付け家具等に必要なもの
　　　　（例：冷蔵庫、洗濯機、電子レンジ）
　　※消耗品：食事や来客の際に使用するもののため、共用スペースで使用するもの
　　　　（例）掃除用品、設備機器等

!!以下のものについては、補助対象外ですのでご注意ください!!
・GH開設日以降に購入したもの
・利用者が居室等で個人的に利用するもの
　（例：各居室のカーテン・エアコン等）
・事務用品として使用するもの
　（例：事務所等の文具、パソコン、電話等）
・他の補助金（施設整備費補助金、短期入所開設準備補助金等）を利用して購入したもの
・レシート、領収書等で内訳がわからないもの
・ポイントが付与されるような取引をされていたり、その分補助対象となる値引きされていないもの

購入する際は、ポイントカードやクレジットカードをご使用しないでください！

③ 必要書類
　管理事務費（世話人等の賃金、研修費用）
　－法人等と法人の間で交わされた雇用契約書（写）・明細書（写）・給与明細（写）
　初度調弁費（消耗品費、備品購入費）
　－法人あて領収書（写）、備品購入費（写）
　（レシートが出る場合は、購入したものと金額がわかるものを添付してください。）
　※一品で税込30万円以上となる備品は、3者以上の複数見積もり書類等を添付すること
　※契約書は一品ずつでの金額ではなく、一品の金額で見積書等を添付してご提出してください。

(5) 家屋借上費
① 補助額
　基準額を750,000円とし、基準額または実績額にかかった経費のうち低い額に4分の3をかけた額（補助額上限：562,500円）
② 補助対象経費
　開設初月のみ
③ 必要書類
　★ 法人あて領収書（写）　※領収金は補助対象外です
　★ 賃貸契約書（写）　※敷金（礼金）には、別途の明細書が記されていない場合は、別途の明細書を作成してください。

ホテル・社会福祉施設・病院などの消防法令の一部改正について

改正に至った経緯

宿泊を伴う施設や社会福祉施設で火災により、多くの方が亡くなりました。そのため、同様の悲劇を繰り返さないように、法令が改正されました。

改正のポイント
- 消防用設備等の設置対象が拡大されました。
- 消防法上の用途の見直しが行われました。

※法令の改正により既存の建物等においても消防用設備等の設置又は改修などが必要になる場合があります。

法令改正の概要

令別表第1は、裏面にあります。

スプリンクラー設備 の設置基準の見直し

令別表第1
(6)項ロ(1)及び(3)、
(6)項ロ(2)、(4)及び(5)※ 　}の防火対象物、又はその部分
※介助がなければ避難できないものとして総務省令で定めるものに限る。

これまで 275㎡以上 ➡ 改正後はすべて

自動火災報知設備 の設置基準の見直し

令別表第1
(5)項イ
(6)項イ及びハ※ 　}の防火対象物、又はその部分
※利用者を入居させ、又は宿泊させるものに限る。

これまで 300㎡以上 ➡ 改正後はすべて

消防機関に通報する火災報知設備 の技術基準の見直し

令別表第1
(6)項ロ、(16)項イ、
(16の2)項及び(16の3)項※ 　}の防火対象物、又はその部分　※(6)項ロの部分が存するものに限る。

これまで 押しボタンを押して起動等 改正後 自火報の感知器の作動と連動して起動

消防法施行令別表第1（一部抜粋）

(5)項イ	旅館、ホテル、宿泊所など	(6)項ハ(2)	更生施設
(6)項イ	病院、診療所、助産所	(6)項ハ(3)	助産施設、保育所、児童養護施設、児童自立支援施設、児童家庭支援センター、一時預かり事業を行う施設、家庭的保育事業を行う施設など
(6)項ロ(1)	老人短期入所施設、養護老人ホーム、特別養護老人ホーム、軽費老人ホーム、有料老人ホーム、介護老人保健施設、老人短期入所事業を行う施設、小規模多機能型居宅介護事業を行う施設、認知症対応型老人共同生活援助事業を行う施設など	(6)項ハ(4)	児童発達支援センター、情緒障害児短期治療施設又は児童発達支援を行う施設、放課後等デイサービスを行う施設（児童発達支援センターを除く。）
(6)項ロ(2)	救護施設	(6)項ハ(5)	身体障害者福祉センター、障害者支援施設（(6)項ロ(5)に掲げるものを除く。）、地域活動支援センター、福祉ホーム、生活介護を行う施設、短期入所を行う施設、自律訓練を行う施設、就労移行支援を行う施設、就労継続支援を行う施設、共同生活援助を行う施設（(6)項ロ(5)に掲げるものを除く。）など
(6)項ロ(3)	乳児院		
(6)項ロ(4)	障害児入所施設		
(6)項ロ(5)	障害者支援施設、短期入所を行う施設、共同生活援助を行う施設		
(6)項ハ(1)	老人デイサービスセンター、軽費老人ホーム（(6)項ロ(1)に掲げるものを除く。）、老人福祉センター、老人介護支援センター、有料老人ホーム（(6)項ロ(1)に掲げるものを除く。）、老人デイサービス事業を行う施設、小規模多機能型居宅介護事業を行う施設（(6)項ロ(1)に掲げるものを除く。）など	(16)項イ	複合用途防火対象物
		(16の2)項	地下街
		(16の3)項	準地下街

施行日

平成27年4月1日

経過措置

既存の防火対象物は、次の期限までに設置してください。

消火器、誘導灯等	平成28年3月31日
スプリンクラー設備、自動火災報知設備、消防機関へ通報する火災報知設備等	平成30年3月31日

東京消防庁予防部予防課

平成29年度グループホーム等安全対策補助事業

1 事業の目的

消防法施行令の一部を改正する政令(平成25年政令第88号及び平成25年政令第368号)等が平成27年4月1日に施行されたことに伴い、スプリンクラー設備等の消防用設備の設置義務が新たに課された既存の共同生活援助事業所等に対して、社会福祉法人その他の者が行う消防用設備の設置に係る費用の一部を補助することで、障害者(児)の福祉の向上を図ることを目的とする。

2 整備補助対象

(1) 法人について
平成27年3月31日までに指定を受けた
 ア 共同生活援助
 イ 重度身体障害者グループホーム
 ウ 短期入所
を設置・運営する民間事業者(区市町村立は補助対象外)
※当該施設が、6項ロ又は6項ハに該当することを確認できる消防署からの指導書があること。

(2) 補助対象設備について
 ア スプリンクラー設備
 イ 消防機関へ通報する火災報知設備と感知器との連動化
 ウ 自動火災報知設備
 エ 消防機関へ通報する火災報知設備
※単年度で工事完了するものに限る。

(3) 建物について
 自己所有・賃貸物件いずれも補助対象
※賃貸物件の場合、消防用設備設置工事について所有者の了解を得ていること。

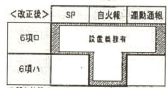

【消防法施行令等の改正概要】

<改正前>

	SP	自火報	連動通報
6項ロ		設置義務有	
6項ハ			

<改正後>

	SP	自火報	連動通報
6項ロ		設置義務有	
6項ハ			

※既存施設は、平成30年3月31日までが経過措置期間

3 事業のポイント

1	国庫補助(社会福祉施設等施設整備費)を活用した事業のため、都を通じて国へ補助協議を行います。
2	国補助協議の結果、国からの内示が得られなかった場合には、都が相当と認める事業については、補助金の交付対象とします。
3	平成28年度から29年度までの2年間の時限事業となります。
4	障害者施策推進区市町村包括補助事業に定めるグループホーム防災対策助成事業との併用不可です。

附　録　59

業の概要について　　　＜担当＞　施設サービス支援課　生活基盤整備担当
　　　　　　　　　　　　　　　　　03-5320-4377（直通）

4 補助基準額等

区分	工事内容	基準額	対象経費	補助率
6項ロ　共同生活援助重度身体障害者グループホーム	・スプリンクラー設備 ・消防機関へ通報する火災報知設備と起知器との連動化 ・自動火災報知設備 ・消防機関へ通報する火災報知設備	4,500千円 （1ユニット当たり）	スプリンクラー設備等整備に必要な工事費及び工事事務費	3/4
6項ロ　短期入所		675千円 （1人当たり）		
6項ハ　共同生活援助	自動火災報知設備	1,200千円 （1ユニット当たり）	自動火災報知設備整備に必要な工事費又は工事請負費及び工事事務費	
6項ハ　短期入所		180千円 （1人当たり）		

（例）共同生活援助2ユニット、短期入所単独型4名の事業所（6項ロでスプリンクラー設備を設置）

単位：千円

		補助対象経費	基準額	基準額（補助対象経費と基準額を比較して低い方）	補助率	交付額（基本額×補助率）
6項ロ	GH 1	3,500	4,500	3,500	3/4	2,625
	GH 2	3,500	4,500	3,500		2,625
	SS 4名	2,000	2,700	2,000		1,500
			675千円×4名		計	6,750

5 補助のスケジュール

	平成28年度				平成29年度							平成30年度
	5月	6月	10～1月	3月	～	7月	8月	9月	10月	～	3月	4月	5月
法人	事業計画説明会	補助協議ヒアリング	補助協議書提出（法人→都）			都補助内示（都→法人）	入札事務	着工		補助金交付申請書提出（法人→都）		竣工	実績報告書提出（法人→都）	補助金支払い（都→法人）
都				選定委員会・審査会	国協議書提出（都→国）				国補助内示（国→都）				
国													

(1) 補助内示前に締結した契約は補助対象外になります。

(2) 工事業者の選定に当たっては、都の公共工事に準じた入札を行う必要があります。

(3) 国の予算状況次第によって、スケジュールが随時変更になることがあります。

(4) 追加協議はありません。補助の活用を希望する場合は、必ず今回協議してください。

定期借地権の一時金に対する補助事業

1 事業概要

(1) 目的
　この事業は、障害福祉サービス事業所等の設置に係る用地確保のための定期借地権設定に際して要する経費の一部を補助することにより、障害福祉サービス事業所等の整備を図ることを目的とする。

(2) 補助対象者
　社会福祉法人、特定非営利活動法人等（自治体、営利法人を除く。）

(3) 補助対象事業
　生活介護、短期入所、自立訓練、就労移行支援、就労継続支援及び共同生活援助

(4) 補助対象用地
　民有地、公有地（国有地、区市町村有地）

(5) 補助対象経費
　別表の第2欄に定める経費とする。
　※ 定期借地権の設定期間は原則として施設整備補助金にかかる財産処分制限期間以上であることとする。
　※ 保証金として授受される一時金である場合、定期借地権の設定期間が10年未満の契約に基づき授受される一時金である場合、定期借地権契約の当事者が利益相反関係とみなされる場合等は補助対象としない。

(6) 補助金交付額
　別表の第1欄の額に掲げる交付基準額と、第2欄に定める経費から寄付金その他の収入額を控除した額とを比較して少ない方の額に、第3欄に定める補助率を乗じた額を交付する。

別表

1 交付基準額	2 対象経費	3 補助率
当該事業所等を整備する用地に係る国税局長が定める路線価評価額（定期借地権の設定期間が50年未満の場合は、定期借地権設定期間（1年未満の端数切捨て）を50年で除した割合を乗じるものとする。）の2分の1の額	定期借地権設定に際して授受される一時金であって、借地代の前払いの性格を有するもの（当該一時金の授受により、定期借地権設定期間中の全期間又は一部の期間の地代の引下げが行われていると認められるもの）。	1/2

附　録　61

業について　　　　　　　　　＜担当＞　施設サービス支援課　生活基盤整備担当
　　　　　　　　　　　　　　　　　　　03-5320-4377（直通）

2　事業イメージ図

* 設定条件
  路線価20万円/㎡、地積500㎡、借地料1億2,000万円/50年（240万円/年）、
  一時金5,000万円、寄付金0円、保証金225万円の場合
* 交付基準額
  路線価20万円/㎡×土地面積500㎡×1/2=5,000万円
* 補助金交付額
  交付基準額と一時金額を比較して低い方の額　×　補助率　＝　補助金交付額
  　　　　　　5,000万円　　　　　　　　　　×　1/2　　＝　2,500万円

初年度

保証金

一時金額
5,000万円
（1/2の2,500万
円を都が補助）

■初年度事業者負担額
　借地料140万円＋一時金2,500万円＋保証金225万円
　　　　　　　　　　　　　　　　　＝計2,865万円

■2～50年目の事業者負担額
　借地料140万円/年　※50年目に保証金返還あり

【一時金ありの場合】　借地料総額 7,000万円／50年（140万円／年）

年間負担金額が100万円減！　⇅

【一時金なしの場合】　借地料総額 1億2,000万円／50年（240万円／年）

8 地域区分について

【障害者の地域区分と1単位単価】
<平成29年度> 7区分

地域区分	1級地	2級地	3級地	4級地	5級地	6級地	その他
地域区分コード	01	02	03	04	05	06	20
	23区	武蔵野市 町田市 国分寺市 国立市 狛江市 多摩市 稲城市 西東京市 福生市 清瀬市	八王子市 立川市 府中市 調布市 昭島市 小平市 日野市	三鷹市 青梅市 東村山市 あきる野市 小金井市 東久留米市 羽村市 日の出町 檜原村	奥多摩町	武蔵村山市 東大和市 瑞穂町	大島町 利島村 新島村 神津島村 三宅村 御蔵島村 八丈町 青ヶ島村 小笠原村
共同生活援助 1単位単価	11.44	11.20	10.96	10.80	10.48	10.24	10.00

○地域区分については、平成24年度報酬改定において見直しが行われ、3年間の段階的な変更を経て、平成27年度より完全施行されています。(平成29年度は改定なし)

○左記の地域区分及び1単位単価については、平成27年度4月サービス提供分より適用されています。

○誤った地域区分を記載しないようご注意ください。

9 国費各種加算について

加算の種類		内容・条件（より詳細な条件についてはお問い合わせ下さい）	備考	届出
福祉専門職員配置等加算	（Ⅰ）	常勤の世話人又は生活支援員のうち、社会福祉士・介護福祉士・精神保健福祉士の資格保有者が35％以上雇用されている場合に算定		必要
	（Ⅱ）	常勤の世話人又は生活支援員のうち、社会福祉士・介護福祉士・精神保健福祉士の資格保有者が25％以上雇用されている場合に算定	当該事業所利用者全員に算定する（Ⅰ）、（Ⅱ）、（Ⅲ）は併算定不可	必要
	（Ⅲ）	世話人又は生活支援員のうち、常勤職員が75％以上又は勤続3年以上の常勤職員が30％以上である場合に算定		必要
夜間支援等体制加算	（Ⅰ）	夜間支援従事者を配置し、夜間の時間帯を通じて必要な介護等の支援を提供できる体制を確保している場合に算定		必要
	（Ⅱ）	夜間支援従事者を配置し、夜間の時間帯を通じて定時的な居室の巡回や緊急時の支援等の支援を提供できる体制を確保している場合に算定	詳細は「夜間支援体制等加算について」参照（Ⅲ）と（Ⅰ）（Ⅱ）は併算定不可	必要
	（Ⅲ）	夜間利用者の呼び出し等に速やかに対応できるよう、常時の連絡体制が確保されている場合、また、警備会社と委託契約を締結している場合に算定		必要
重度障害者支援加算		重度障害者（重度障害者等包括支援の対象となる者、受給者証で確認）がおり、サービス管理責任者又は生活支援員のうち1人以上が強度行動障害支援者養成研修等を修了している等の要件を満たしている場合に算定	重度障害者についてのみ算定する	必要
日中支援加算	（Ⅰ）	高齢または重度の障害者（65歳以上または障害支援区分4以上）であって日中をGH以外で過ごすことが困難であると認められる利用者に対して、個別支援計画に基づいて日中における支援を行った場合に算定	世話人又は生活支援員の加配が必要（人員基準を算定する際の勤務時間には含がない）	不要
	（Ⅱ）	日中活動サービスの支給決定を受けている利用者又は就労している利用者が、心身の状況等により当該サービスを利用できない期間が3日以上ある場合であって、昼間に必要な支援を行ったとき（3日目から算定）		不要
自立生活支援加算		退去する利用者に対し、退去後の居住の場の確保、在宅サービスの利用調整等を行った場合	・入居中及び退去後1回ずつ算定可	不要
入院時支援特別加算		事業所の従業者が病院又は診療所を訪問し、入院期間中の被服等の準備や利用者の相談支援を行うとともに、退院後の円滑な生活移行が可能となるよう、病院又は診療所との連絡調整を行った場合に加算	・月に1回が限度	不要
長期入院時支援特別加算		事業所の従業者が病院又は診療所を概ね週1回以上訪問し、入院期間中の被服等の準備や利用者の相談支援など、日常生活上の支援を行うとともに、退院後の円滑な生活移行が可能となるよう、病院又は診療所との連絡調整を行った場合に算定	・3ヶ月を限度として1日ごと	不要

変更届出（前月の15日より前に提出）。

B 都制度　１０　都加算について

都単価一覧 (単位：円)

都基本額	項目	単価/日額
	区分6	9,480
	区分5	7,500
	区分4	5,810
	区分3	4,470
	区分2 (6:1,5:1,4:1)	2,150
	区分2 (10:1)	3,220
	区分1 (6:1,5:1,4:1)	2,150
	区分1 (10:1)	4,470
	個人ヘルプ利用	

※外部サービス利用型は算定単価が異なる

都基本額に対する減算額 (単位：円)

項目	単価/日額
計画未作成減算	280
職員欠如減算	1,560
大規模減算	260

事業加算 (単位：円)

項目	単価/日額
都夜間加算	※ 991
通過型加算	926

※外部サービス利用型GHについては以下のように算定する
- 区分2以上の利用者は、「区分2」の単価
- 区分1以下の利用者は、「区分1」の単価

[都基準日数]
都基準日数を原則として算定できる日数。入居者に対して次の支援を行った日をとする。また、これらの支援を行う者を予め個別支援計画に記載してあること。
- ア 日常生活支援
- イ 食事提供支援
- ウ 介護等支援
- エ 入院時における病院等との連絡調整等支援
- オ 帰宅時における家族等との連絡調整等支援
- カ その他入居者に対する支援

都基準日数
知事が定める処遇を行った日数を「都基準日数」という。

場合によっては、都基本額から以下の減算
- 大規模減算分
- 職員欠如減算分

都(基本額)
× 都基準日数

場合によっては、国基本報酬から以下の減算事
- 大規模住居等減算
- 職員欠如減算
- 計画作成減算

国(基本単価)
× 利用日数

国1
- 国(福祉専門職員配置等加算Ⅰ〜Ⅲ)
- 国(重度障害者支援体制加算Ⅲ)
- 国(夜間支援等体制加算Ⅰ・Ⅱ)
- 国(重度障害者支援加算)
- 国(中支援加算Ⅰ・Ⅱ)
- 国(自立生活支援加算)
- 国(長期入院時支援特別加算)
- 国(長期帰住居等支援加算)
- 国(地域生活移行個別支援特別加算)
- 国(医療連携体制加算Ⅰ〜Ⅴ)
- 国(通勤者生活支援加算)

国2
- 都(通過型加算)
- 都(夜間加算)

都1
- 国(居宅介護サービス費)
- 国(処遇改善特別加算)
- 国(処遇改善加算)

都2
←外部サービス利用型事業所のみ

都3

通過型　基本額 (都1 － 国1) ＋ 夜間加算 (都2 － 国2) ＋ 通過型加算 (都3)

滞在型　基本額 (都1 － 国1) ＋ 夜間加算 (都2 － 国2)

↑ (都) (国) より (国) の方が大きい場合、(都) － (国) は０円となります。　※ 都夜間加算は、国の夜間支援等体制加算 (Ⅰ) または (Ⅱ) の届出をもって認定する

附録 65

12 報酬算定イメージ

【算定シートについて】
○ 事業所や利用者の基本情報を入力していただくことで、利用者の月額報酬が概ね算定できるシートです
○ クリーム色のセルにのみ単価等を入力して下さい。
青色の自動計算されます

【算定例】
事業所…外部サービス利用型、職員配置4：1、23区内に所在(1級地)
夜間支援は、5人支援体制で
夜間支援(I)が20日、夜間(II)が10日
利用者…障害支援区分 区分3 利用日数 30日

「10 都加算について」参照

基本部分

表1 (都基本額×都基準日数)

内訳項目		
都基本単価(基準額)	I	
計画未作成減算	II	
職員欠如減算	III	
大規模減算	IV	

計 算

都単価 a	日数 b	金額 c(=a×b)
4,470	30	¥134,100
280	0	¥ -
1,560	0	¥ -
260	0	¥ -
合計 (I-II-III-IV)		¥134,100

表1 (国給付費(夜間、処遇改善、受託居宅介護部分は除外)×利用日数)

内訳項目	
国単位合計 ①	②+③+…+⑳
共同生活援助サービス費	②
福祉専門職員等配置加算(I)(II)(III)	③
視覚・聴覚言語障害者支援体制加算	④
夜間支援等体制加算(III)	⑤
重度障害者支援加算	⑥
日中支援加算(I)	⑦
日中支援加算(II)	⑧
自立生活支援加算	⑨
入院時支援特別加算	⑩ ※⑫と併算定不可
帰宅時支援加算	⑪ ※⑬と併算定不可
長期入院時支援特別加算	⑫ ※⑩と併算定不可
長期帰宅時支援加算	⑬ ※⑪と併算定不可
医療連携体制加算(I)	⑭
医療連携体制加算(II)	⑮
医療連携体制加算(III)	⑯ ※⑭、⑮と併算定不可
医療連携体制加算(IV)	⑰
地域生活移行個別支援加算	⑲
通勤者生活支援加算	⑳
単位数単価(1単位当たりの単価(円)) ㉑	

計 算

国単位 a'	日数 b	サービス単位 c(=a×b)
259	30	7,770
7	30	210
41	0	0
10	0	0
360	0	0
0	0	0
0	0	0
500	0	0
0	1	0
0	1	0
76	0	0
25	0	0
500	0	0
250	0	0
500	0	0
100	0	0
670	0	0
39	0	0
18	0	0
		11.44
合計(=①×㉑)		¥91,291

介護サービス包括型か外部サービス利用型かにより単価が変わる

国保連請求後の事務の流れ 〜変更届出内容の反映〜

○介護報酬の国保連請求について、都への届出と請求内容が異なる場合は、エラー・警告が発生します。その場合は以下の対応が必要になります。

- ◆ エラー … 事業所が行った全ての請求について支払い不可 ⇒ 都からエラーの連絡があった場合は、速やかに国保連と対応を協議してください。
- ◆ 警告 … 区市町村判断で支払い可 ⇒ 都から警告の連絡があった場合は、速やかに国保連と対応を協議してください。対応が間に合わない場合は、各区市町村との協議となります。

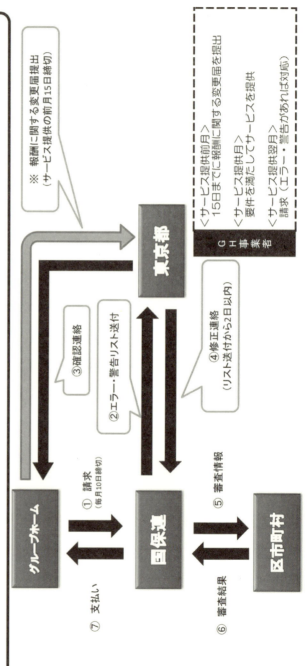

附録 67

福祉・介護職員処遇改善(特別)加算について

1. 目的

○ 福祉・介護職員への処遇改善への取組として、平成21年10月から実施されていた障害者自立支援臨時特例交付金による処遇改善事業が平成24年度障害福祉サービス等報酬改定において、報酬の中で対応することとなり、処遇改善加算が創設されました。また、平成24年度障害福祉サービス等報酬改定において、処遇改善特別加算も創設されました。
○ さらに、平成29年度障害福祉サービス等報酬改定においては、加算要件を緩和しつつ、一定額の加算を行う区分(キャリアパス要件Ⅲ)を設け、昇給と結びついた形でのキャリアアップの仕組みの構築について、更なる加算を行う区分(キャリアパス要件Ⅲ)が新設されました。

2. 加算の算定要件

1 賃金改善に関する計画を作成し、全ての福祉・介護職員に周知するとともに、都道府県知事等に届け出ること。加算の算定額に相当する賃金改善を実施すること。(必要要件①)
2 事業年度毎に、福祉・介護職員の処遇改善に関する実績を各都道府県知事等に報告すること。(必要要件②)
3 労働に関する法令に違反し、罰金以上の刑に処せられていないこと。また、労働保険料の納付が適切に行われていること。(必要要件③)
4 キャリアパス要件として、
(1) 福祉・介護職員の任用等の要件(賃金に関するものを含む)を定めか、全ての福祉・介護職員に周知していること。(キャリアパス要件Ⅰ)
(2) 福祉・介護職員の資質向上のための計画を策定し、当該計画に係る研修の実施又は研修の機会を確保するとともに、全ての福祉・介護職員に周知していること。(キャリアパス要件Ⅱ)
(3) 経験若しくは資格等に応じて昇給する仕組み又は一定の基準に基づき定期的に昇給を判定する仕組みを設けること(賃金改善に関するものを除く)を全ての福祉・介護職員に周知していること。(キャリアパス要件Ⅲ)<新設>
5 平成20年10月から届出を要する日の属する月の前月までに実施した処遇改善の内容(賃金改善に関するものを除く)を全ての福祉・介護職員に周知していること。(加算Ⅲ、Ⅳの職場環境等要件)
6 平成27年4月から届出を要する日の属する月の前月までに実施した処遇改善の内容(賃金改善に関するものを除く)を全ての福祉・介護職員に周知していること。(加算Ⅰ、Ⅱの職場環境等要件)

【加算イメージ図】

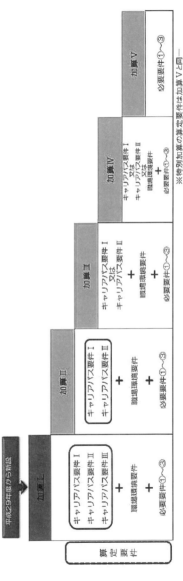

2　常勤職員就業規則
～特定非営利活動法人　○○○○○～

第1章　総　則

(目的)
第1条　この就業規則は特定非営利活動法人○○○○○（以下「法人」という）がその使命とする法人の経営を適正かつ健全に行うために、職員の勤務と労働条件及び待遇について定めたものである。
　2　この規則に定めない事項については、労働基準法その他法令が定めるところによる。

(遵守義務)
第2条　法人及び職員はこの規則及び関連する諸規則を遵守し、互いに協力して誠実にその職務を遂行しなければならない。

(適用範囲)
第3条　この規則及びこれに附随する諸規定は第2章で定める手続きにより採用され、法人の業務に従事する職員に適用する。ただし、非常勤職員については、別に定める就業規則による。

(職員の区分)
第4条　職員の職種名は、次のとおりとする。
　　　(1)　管理者　(2)　サービス管理責任者　(3)　世話人　(4)　生活支援員　(5)　事務員
　2　前項の他に、必要に応じてその他の職種を定める。

(管理監督者)
第5条　この規則で管理及び監督者とは理事長をいう。

第2章　人　事

(採用・提出書類)
第6条　職員の採用は、書類審査および面接による選考のうえ、運営会議の承認を経た者を採用する。選考に当たっては、次の書類の提出を求める。ただし、場合により提出書類を一部省略することがある。
　　　(1)　履歴書（写真添付）
　　　(2)　資格証
　　　(3)　卒業（見込）証明書
　2　職員として採用された者は、採用日から2週間以内に次の書類を提出しなければならない。
　　　(1)　誓約書
　　　(2)　健康診断書
　　　(3)　年金手帳、雇用保険被保険者証

(4) 扶養親族控除申告書その他税法上必要とする書類
(5) 通勤届
(6) その他法人が必要とする書類
3 法人及び職員として採用された者は別に定める雇用契約書を締結するものとする。

(試用期間)
第7条 新規採用者は、採用の日から3ケ月以上6ケ月までを限度として試用期間とする。
2 試用期間中又は試用期間満了の際に、能力、勤務態度、健康状態等からみて職員として不適当であると認めるときは、本採用は行わない。
3 試用期間は、勤務年数に通算する。

(人事異動)
第8条 法人は、業務上の必要がある場合は職員の就業場所または業務内容の変更並びに職種変更を命じることがある。
2 職員は、正当な理由がない限り前項の命令を拒むことができない。

(休職事由)
第9条 職員が、次の各号の一に該当する場合は休職を命ずる。
(1) 業務外の私傷病により欠勤が通算1か月に及んでも治癒しないとき
(2) 前号の他、特別の事情があって休職させることが適当と認められたとき

(休職期間)
第10条 休職期間は休職事由及び勤務年数により次のとおりとする。
(1) 前条第1号による場合
ア 勤務年数1年未満の者　　3ケ月
イ 勤務年数1年以上の者　　6ケ月
(2) 前条第2号による場合は必要と認める期間
2 休職者が前項の休職期間満了前に復職し、再び同一又は類似の事由により欠勤した場合で、復職後の出勤日数が15日に達しないときは当該欠勤期間は復職前の休職期間の延長として取扱い、休職期間としてこれを通算する。

(休職期間の扱い)
第11条 休職期間は勤務年数に通算しない。ただし、法人の業務命令による休職期間は、これを通算する。
2 休職期間中の給与は支給しない。

(復職)
第12条 休職期間が満了又は休職期間満了前において休職事由が消滅したときは復職させる。

ただし、旧職務、旧職種と異なるものに変更することがある。
2　私傷病により休職した職員が復職を申し出たときには、法人は法人が指定する医師の診断を受けることを命じることがあり、命じられた職員はこれに従わなければならない。
3　休職期間が満了しても休職事由が引き続き存することにより復職できないときは自動退職とする。

（定年退職）
第13条　職員の定年は満65歳とし、定年に達した日の属する年度の末日をもって退職とする。
　　2　退職通知は1か月前に行う。
　　3　法人は健康面等を鑑みて、一年ごとの契約をすることができる。

（自己都合退職）
第14条　職員が退職しようとする場合は、少なくとも退職日の1か月前までに書面により退職願を提出しなければならない。
　　2　退職願を提出し、承認されたときは退職とする。
　　3　前項の場合において、退職の日まで従前の業務及び業務引継を誠実に遂行しなければならない。ただし、疾病等やむを得ない事情がある場合は、この限りではない。

（死亡退職）
第15条　第12条第3項、第13条及び第14条によるほか、職員本人が死亡した場合は退職として、職員の身分を失う。

（普通解雇）
第16条　職員が次の各号の一に該当するときは、解雇する。
　（1）業務上の都合により、事業の縮小若しくは転換をする場合、担当業務の継続が不可能又は不必要となり、他の職務に転換させることも困難なとき
　（2）本人の身体若しくは精神の虚弱又は障害等によって、医師の診断に基づき業務に耐えられないと認められるとき
　（3）勤務成績が著しく不良、又は法人、上司の指示、就業規則等を守れず、かつ早期に改善の見込みがないと認められるとき
　（4）職務遂行能力が劣り、一定期間の改善指導を行っても職務遂行上必要な水準まで上達する見込みがないと認められるとき
　（5）試用期間中で、第7条2項の解雇事由に該当し、本採用するに不適格と認められるとき
　（6）採用時に本人より提出された履歴書等の各書類に虚偽の事実があった場合
　（7）業務上の傷病によって、療養を開始後3年を経過しても就業が不可能であって、かつ傷病補償年金の給付を受けるに至ったとき（法人が打切補償を支払った場合、また法律上支払ったとみなされる場合も含む）
　（8）勤務1か年未満の者が私傷病以外の事由による欠勤が通算30日以上にわたるとき

(9) 罰金刑を越える罪に当たる行為をなしたとき、又は、同行為につき、刑の宣告を受けたとき
(10) 本規則に定める採用者提出書類を提出しないため、解雇の必要を認めたとき
(11) 本規則又は法人の定める諸規定・通達・決定事項の定めに違反したとき
(12) 前各号の他、解雇に相当する合理的事由があるとき

（解雇予告）
第17条　第16条により解雇する場合又は、第7条第2項により本採用しない場合は、次の各号の一に該当する場合を除き、30日前に本人に予告するか又は予告に代えて平均賃金30日分を支給する。
(1) 試用期間中の者で採用の日より14日以内の者
(2) 職員の責めに帰すべき事由で解雇する場合
(3) 天災事変等やむを得ない事由のため事業の継続が不可能となった場合

第3章　服　　務

（服務の基本）
第18条　職員は職務の社会的責任を自覚し、社会福祉の向上及び法人の使命達成のため全力を挙げ、誠実に職務を遂行しなければならない。

（服務の心得）
第19条　職員は就業に当たり、次の事項を守らなければならない。
(1) 利用者に対しては常に親切丁寧な態度で接し、利用者に不安と不信の念を起こさせないよう努めること。
(2) 自己の服務に対し責任を重んじ、誠実に服務に努めること
(3) 職員は互いに助け合い、礼儀を重んじ誠実に服務に努めること
(4) 常に時間を尊重し、職務の慎重、敏速及び的確を期すこと
(5) 職場の清潔整頓につとめること

（信用保持）
第20条　職員は、法人の信用を傷つけ、又は不名誉となる行動をしてはならない。

（服務規律）
第21条　職員は、次の各号に掲げる行為をしてはならない。
(1) 業務上の秘密事項及び施設利用者の不利益となる個人情報や秘密事項を自己の担当かどうか、また、在職中かどうかを問わず他に漏らすこと。また、偽りその他不正な手段により個人情報を取得すること。
(2) 施設内又は設備、備品等を私用で使用したり、業務に関係ない文書を掲示あるいは

　　　　　配布すること
　　(3)　就業時間中に上司の許可なく職場を離れること
　　(4)　法人の許可なく在籍のまま他の事業に従事したり、又はその他の労務、公務に服すこと
　　(5)　職務の権限を超えて専断的な行為をすること
　　(6)　職務上の地位を利用して自己の利益を図ること
　　(7)　利用者に対して、緊急時を除く身体的拘束や虐待などの身体的・精神的苦痛を与えること
　2　職員は勤務場所等において、他の職員等に対し、相手方の望まない性的な言動によりそれに対する相手方の対応によって業務遂行上で一定の不利益を与え、あるいは就労環境を悪化させる行為をしてはならない

（出勤）
第22条　職員は始業時刻までに出勤し、各自のタイムカードに打刻しなければならない。ただし、業務上の事由でタイムカードに打刻できなかったときは、事後遅滞なく届け出なければならない。

（欠勤の届出）
第23条　病気その他やむを得ない事由により欠勤する場合は、事前に理事長に届け出なければならない。ただし、事前に届け出ることができないときは、事後速やかに届け出なければならない。
　2　病気欠勤が4日以上に及ぶ時は、医師の診断書を提出しなければならない
　3　前項の診断書記載の欠勤予定日数を超えて、引き続き欠勤する時は、改めて医師の診断書を添えて、理事長に届け出なければならない

（無断欠勤）
第24条　職員が所定の手続きを経ないで欠勤したとき、虚偽の理由で欠勤したとき、年次有給休暇の請求に対して、合法的な理由に基づく時季変更権の行使によって変更したにも関わらず欠勤したときは、いずれも無断欠勤とする。

（遅刻・早退・外出）
第25条　遅刻・早退又は勤務中に外出しようとするときは、あらかじめ理事長の承認を受けなければならない。ただし、やむを得ない事由のあるときは、事後速やかに承認を受けなければならない。

第4章　勤　務

（労働時間及び休憩時間）

第26条 所定労働時間については、1か月以内の変形労働時間制によるものとする。
　2　所定労働時間は原則1か月168時間、1週間平均40時間以内とする。
　3　起算日は、毎月1日とする。
　4　職員の始業、終業時刻および休憩時間は各勤務場所の状況に応じて定める。
　5　業務の状況等により、就業時間および休憩時間を繰り上げまたは繰り下げることがある。

（育児時間）
第27条 生後1年に達しない乳児を育てる女性職員が育児時間を請求した場合は、1日につき2回それぞれ30分の育児時間を与える。ただし、無給とする。

（休日）
第28条 変形労働時間制を適用される職員の休日は勤務割表によって示すものとする。

（休日）
第29条 変形労働時間制を適用されない職員の休日は原則として次のとおりとする。
　(1)　土曜日
　(2)　日曜日
　(3)　国民の休日
　(4)　年末年始（12月29日～1月3日）
　(5)　各勤務場所により定めた日

（休日の振替）
第30条 業務の運営上やむを得ない事由が生じた場合は、第24条及び第25条で定めた休日を4週間以内の他の日に振り替えることがある。

（時間外・法定外休日労働）
第31条 業務上必要がある場合は、勤務時間外又は法定外休日に勤務させることがある。

（宿直）
第32条 業務上必要がある場合は、職員に対して宿直を命じることがある。
　2　宿直の業務内容、勤務時間等の必要事項については別に定める。

（出張）
第33条 業務上必要がある場合は、職員に出張を命ずることがある。
　2　出張その他の業務上の必要から事業所以外で勤務する場合で、勤務時間を算定しがたいときは、所定の勤務時間を勤務したものとみなす。

（年次有給休暇）

第34条　6か月継続勤務し、所定就業日数の8割以上出勤した職員には年次有給休暇を与える。
　2　年次有給休暇は、所定の手続きにより職員が指定する時季に与えるものとする。ただし、事業上正常な運営を妨げる場合には他の時季に変更することができる。
　3　急病などでやむを得ず年次有給休暇をとる場合は、始業前に理事長に連絡をしなければならない。
　4　次の期間は、第1項の出勤率の算定上、出勤したものとみなす。
　　(1)　業務上の傷病による休業期間
　　(2)　年次有給休暇、生理休暇、育児、介護休業法による休業期間及び子の看護休暇並びに介護休暇、特別休暇及び産前産後休暇
　　(3)　選挙権その他公民権を行使した日
　5　年次有給休暇のうち、その年度に行使しなかった日数は、翌年度に限り繰り越して使用することができる。
　6　年次有給休暇の期間については、所定労働時間労働した場合に支払われる通常の賃金を支払う。
　7　年次有給休暇を取得した職員に対して賃金の減額、その他不利益な取扱はしない。
　8　年次有給休暇の初年度の付与日数は下表による。その後は付与基準月の4月に1日ずつ増加させ、20日を限度とする。

就職月	初年度付与月	初年度付与日数	次年度4月付与日数	次々年度4月付与日数
4月	10月	10日	11日	12日
5月	11月	8日	〃	〃
6月	12月	7日	〃	〃
7月	翌1月	5日	〃	〃
8月	2月	3日	〃	〃
9月	3月	2日	〃	〃
10月	4月	10日	10日	11日
11月	5月	〃	〃	〃
12月	6月	〃	〃	〃
翌1月	7月	〃	〃	〃
2月	8月	〃	〃	〃
3月	9月	〃	〃	〃

(特別休暇)
第35条　職員は次の各号の一に該当するときは、特別休暇を請求することができる。
　(1)　本人が結婚するとき　　　　　　　　引き続く5日
　(2)　子が結婚するとき　　　　　　　　　1日

(3) 父母、配偶者、子が死亡したとき　　　　　　5日
　(4) 祖父母、兄弟姉妹、配偶者の親が死亡したとき　1日
　(5) 配偶者が出産したとき　　　　　　　　　　　2日
2　前項の休暇は、忌引休暇を除き、少なくとも2週間前に請求しなければならない。
3　法人は特別休暇を与えることにより、正常な業務に支障のある場合には、請求の時季の変更を求めることができる。
4　第1項の特別休暇は有給とする。

(生理休暇)
第36条　生理日の就業が著しく困難な女性職員には、その請求により就業を時間単位で免除する。ただし、無給とする。

(産前産後休業)
第37条　6週間（多胎妊娠の場合には14週間）以内に出産予定の女性職員には請求により産前休業を与える。この場合、出産日が予定より遅れたため6週間（多胎妊娠の場合には14週間）を超えたときは、その超えた期間についても産前休業として取り扱う。
2　産後8週間を経過しない女性職員は就業させないものとする。ただし、産後6週間を経過した女性職員が請求し、その者について医師が支障ないと認めた業務に就かせる場合はこの限りではない。
3　本条に定める産前・産後休業の期間は無給とする。

(母性健康管理の措置)
第38条　妊娠中及び出産後1年以内の女性職員が母子保健法による健康診査等のために勤務時間内に通院する必要がある場合は、請求により次の時間内通院を時間単位で認める。
　1　請求できる期間及び回数
　　イ　妊娠23週まで　　　　　　　4週間に1回
　　ロ　妊娠24週から第35週まで　　2週間に1回
　　ハ　妊娠36週以降　　　　　　　1週間に1回
　　ただし、医師又は助産師の指示がある場合は、その指示による回数を認める。
　2　妊娠中の女性職員に対し、出勤、退勤時各々30分の遅出、早退を認める。ただし、この遅出、早退を出勤時あるいは退勤時のいずれか一方にまとめ計60分として取得する場合は、あらかじめ届出るものとする。さらに、医師又は助産師による具体的な指示がある場合は、あらかじめ届出ることにより、その指示事項が守れる限度において遅出、早退を認める。
　3　妊娠中の女性職員が業務を長時間継続することが身体に負担になる場合、請求により所定の休憩以外に適宜休憩をとることを認める。
　4　妊娠中及び出産後1年以内の女性職員が、医師又は助産師から、勤務状態が健康状態に支障を及ぼすとの指導を受けた場合は、「母性健康管理指導事項連絡カード」の症状等に

対応する次のことを認める。
　　(1) 業務負担の軽減
　　(2) 負担の少ない業務への転換
　　(3) 勤務時間の短縮
　　(4) 休業
　　5　本条に基づく不就労に係る賃金は無給とする。

（育児休業等）
第39条　職員のうち希望する者は、法人に申し出て育児休業、子の看護休暇、育児のための所定外労働の免除、時間外労働及び深夜業の制限並びに育児短時間勤務等の適用を受けることができる。
　　2　1項の取り扱いについては、運営会議にて協議、決定する。

（介護休業等）
第40条　職員のうち希望する者は、法人に申し出て介護休業、介護休暇、介護のための時間外労働及び深夜業の制限並びに介護短時間勤務等の適用を受けることができる。
　　2　1項の取り扱いについては、運営会議にて協議、決定する。

第5章　給与・退職金

（給与・退職金）
第41条　職員の給与および退職金は、別に定める。

第6章　安全衛生

（安全保持）
第42条　法人は、職員の健康管理及びその増進に努め、災害予防のための安全設備及び職場環境の改善充実に必要な措置を講じるものとする。
　　2　職員は、前項の設備及び環境の整備改善に努力し、法令又は安全及び衛生に関する事項を遵守して健康の保持及び災害の防止に関する措置等に協力しなければならない。

（災害時の措置）
第43条　職員は、火災その他の災害を発見し、又はその危険を予知したときは、臨機の処置をとるとともに直ちに上司及び関係者に連絡し、職員互いに協力してその被害の拡大を防止するように努めなければならない。

（健康診断）
第44条　職員は、法人の行う定期健康診断並びに健康保持に必要な検査及び診断を拒んではならない。ただし、他の医師の健康診断を受け、その結果を証明する書類を提出した場合は、この限りではない。
　2　前項の健康診断の結果、必要を認めるときは、就業時間の短縮、配置転換その他健康確保上の必要な措置を講ずることがある。
　3　調理従事者等は、毎年1回以上の検便を行わなければならない。

（就業禁止）
第45条　疾病のため他人に害を及ぼす恐れのある者その他医師が就業を不適当と認めた者は、就業を禁止する。

第7章　災害補償

（災害補償）
第46条　職員が業務上負傷し、又は疾病にかかったときは労働基準法の規定に従い、療養補償傷害補償、休業補償を行う。なお、その職員が死亡したときは、遺族補償を行い、葬祭料を支給する。
　2　前項の対象者が同一の事由について労働者災害補償保険法に基づいて災害補償に相当する給付が行われるべき場合においては第1項の規定は適用しない。

第8章　表彰及び懲戒

（表彰）
第47条　職員の勤務成績および運営上で顕著な功績があった者に、運営会議において審査の上、表彰することがある。

（懲戒）
第48条　職員が次の各号の一に該当する場合は、情状に応じて懲戒を行う。
　　　(1)　この規則または業務上の指示、命令に違反した場合
　　　(2)　職務上の義務に違反し、正当な理由なく遅刻、早退、欠勤を重ねた場合
　　　(3)　故意または重大な過失により業務を阻害する等、法人に損害を与えた場合
　　　(4)　職務上の怠慢または指揮監督の不行届によって、災害を引き起こした場合
　　　(5)　その他法人の職員としてふさわしくない非行があった場合

(懲戒の種類)
第49条　懲戒は次の6種類とし、懲戒を行う場合は、懲戒処分の内容、非違行為、懲戒事由等を書面にて職員に通知するものとする。
　(1)　けん責 ── 始末書を取り、将来を戒める。
　(2)　減　給 ── 始末書を取り、1回につき、平均賃金1日分の2分の1以内を減給し将来を戒める。ただし、2回以上にわたる場合においてもその総額は、一賃金支払期における賃金総額の10分の1以内とする。
　(3)　出勤停止 ── 始末書を取り、7日以内を限度とした出勤を停止し、その期間の賃金を支払わない。
　(4)　懲戒解雇 ── 即時解雇する。所轄労働基準監督署長の認定を受けたときは、予告手当を支給しない。(又原則として懲戒解雇に相当する事由があった場合退職金は全額支給しない。)
　2　前項の懲戒の他、職員が法人に損害を及ぼした時は、その損害を賠償させることがある。

(祝い金、弔慰金)
第50条　職員の慶事の祝い金、弔事の弔慰金等については別に定める慶弔規程による。

第10章　雑　則

(実施規定)
第51条　この規則に規定するもののほか、実施にあたっての細部についての必要な事項は、運営会議にて協議のうえ、決定する。
(改正)
第52条　この規則の改正は、理事会の議決を得る。

(附則)　この規則は平成26年　　月　　日より施行する。

特定非営利活動法人 ○○○○○○○

常勤職員慶弔見舞金規程

(目的)
第1条　この規程は、職員及びその家族に慶弔のあったときの慶弔金及び見舞金の支給について定めたものである。

(支給事項の範囲)
第2条　慶弔金及び見舞金を支給する場合は以下の各号のとおりとする。
　　(1)　本人の結婚（結婚祝金）
　　(2)　本人または配偶者の出産（出産祝金）
　　(3)　本人の死亡（弔慰金）
　　(4)　家族の死亡（弔慰金）
　　(5)　本人の入院（傷病見舞金）
　　(6)　本人の住居が被災したとき（被災見舞金）
　　(7)　その他必要と認められたとき

(届出義務)
第3条　職員またはその関係者がこの規程により慶弔金または見舞金を受けようとするときは、その事実を証明する書類を添付または掲示し、理事長に届け出ることを要する。

(受給資格)
第4条　この規程の適用は、満6ケ月以上在籍する常勤職員に限るものとし、非常勤職員及びアルバイトには適用しない。

(結婚祝金)
第5条　職員が結婚したときは以下の各号の基準に基づき、結婚祝金を支給する。
　　(1)　勤続1年未満の者　　10,000円
　　(2)　勤続1年以上の者　　20,000円
　　(3)　勤続3年以上の者　　30,000円

(出産祝金)
第6条　職員またはその配偶者が出産したときは、祝金として10,000円を支給する。

（弔慰金）
第7条
　(1) 職員が業務上の事故等により死亡した場合は、弔慰金として、50,000円を支給する。
　(2) 職員が業務に起因しない事由により死亡した場合は、弔慰金として30,000円を支給する。

（家族の死亡）
第8条　職員の家族の死亡については、以下の各号の基準に基づき弔慰金を支給する。
　(1) 配偶者の死亡の場合　　　　　　　　20,000円
　(2) 子・父母・同居の義父母の死亡の場合　10,000円
　(3) 血族の兄弟姉妹・同居の祖父母の死亡の場合　5,000円

（供花等）
第9条　配偶者・子・父母・同居の義父母が死亡したときは、供花を呈する。

（傷病見舞金）
第10条　職員が入院し又は手術をうけた後に自宅で療養している場合、その期間が連続10日以上に及んだときには、次のとおり見舞金を支給する。
　(1) 業務上の傷病の場合　　　　10,000円
　(2) 業務外の傷病の場合　　　　5,000円

（被災見舞金）
第11条　職員の天災事変等不慮の災害に対しては、見舞金を支給する。なお見舞金の額は、事情を考慮して、その都度運営会議において協議し決定する。

（その他の慶弔見舞金）
第12条　前各条に定めないものでも、状況により運営会議において、支給の必要のあると認めた場合には、慶弔見舞金を支給することがある。

（重複支給の禁止）
第13条　同一世帯の2名以上の職員が勤務している場合、慶弔見舞金支給にかかる事由が発生しても原則として重複して支給はしない。

附則
　この規程は平成　　年　　月　　日から施行する。

3　非常勤職員就業規則
～特定非営利活動法人　〇〇〇〇〇〇～

第1章　総　　則

（目的）
第1条　この就業規則は、特定非営利活動法人〇〇〇〇〇〇（以下「法人」という）の期間を定めて雇用する非常勤職員（以下「非常勤職員」という）の勤務と労働条件及び待遇についての必要事項を定めたものである。
　2　この規則に定めのない事項については、労働基準法その他法令の定めるところによる。

（遵守義務）
第2条　法人及び非常勤職員は、この規則及び関連する諸規則を遵守し、互いに協力して誠実にその職務を遂行しなければならない。

（適用範囲）
第3条　この規則で非常勤職員とは、所定労働時間が常勤職員より短時間の雇用契約を締結した者で、第4条で定める手続きにより雇用された者をいう。

第2章　人　　事

（採用・提出書類）
第4条　非常勤職員の採用は、法人に就職することを希望する者に対し、所定の選考を行い、これに合格した者の中から行う。選考に当たっては、次の書類の提出を求める。ただし、必要に応じその一部を省略することがある。
　　　（1）履歴書（写真添付）
　　　（2）資格証
　　　（3）卒業（見込）証明証
　2　非常勤職員として採用された者は、採用日から2週間以内に次の書類のうち、法人から指定された書類を提出しなければならない。
　　　（1）　誓約書
　　　（2）　健康診断書
　　　（3）　年金手帳、雇用保険被保険者証
　　　（4）　扶養親族控除申告書その他税法上必要とする書類
　　　（5）　通勤届
　　　（6）　その他法人が必要とする書類

（労働条件通知書の交付）
第5条　法人は、非常勤職員の採用に当たっては、所定の労働条件通知書を交付する。

（試用期間）
第6条　新規採用者は、採用の日から3か月以上6か月までを限度として試用期間とする。
　　2　試用期間中又は試用期間満了の際に、能力、勤務態度、健康状態等からみて非常勤職員として不適当であると認めるときは、本採用は行わない。
　　3　試用期間は、勤務年数に通算する。

（人事異動）
第7条　法人は、業務上必要がある場合は就業場所及び業務内容の変更を命じることがある。
　　2　非常勤職員は、正当な理由がない限り前項の命令を拒むことができない。

（自己都合退職）
第8条　非常勤職員が退職しようとする場合は、少なくとも退職日の1か月前までに書面により退職願を提出しなければならない。
　　2　前項の場合において、退職の日まで従前の業務及び業務引継を誠実に遂行しなければならない。ただし、疾病等やむを得ない事情がある場合は、この限りではない。

（退職）
第9条　非常勤職員が次の各号に該当する場合には、退職とする。
　　(1)　労働契約において定めた雇用期間が満了し、契約を更新しないとき
　　(2)　死亡したとき

（普通解雇）
第10条　非常勤職員が次の各号の一に該当するときは、解雇する。
　　(1)　業務上の都合により、事業の縮小若しくは転換をする場合、担当業務の継続が不可能又は不必要となり、他の職務に転換させることも困難なとき
　　(2)　本人の身体若しくは精神の虚弱又は障害等によって、医師の診断に基づき業務に耐えられないと認められるとき
　　(3)　勤務成績が著しく不良、又は法人、上司の指示、就業規則等を守られなく、かつ早期に改善の見込みがないと認められるとき
　　(4)　職務遂行能力が劣り、一定期間の改善指導を行っても職務遂行上必要な水準まで上達する見込みがないと認められるとき
　　(5)　試用期間中で、第6条2項の解雇事由に該当し、本採用するに不適格と認められるとき
　　(6)　採用時に本人より提出された履歴書等の各書類に虚偽の事実があった場合
　　(7)　業務上の傷病によって、療養を開始後3年を経過しても就業が不可能であって、かつ傷病補償年金の給付を受けるに至ったとき（法人が打切補償を支払った場合、また法律上支払ったとみなされる場合及び雇用契約期間満了日も含む）
　　(8)　勤務1か年未満の者が私傷病以外の事由による欠勤が通算30日以上にわたるとき
　　(9)　罰金刑を越える罪に当たる行為をなしたとき、又は、同行為につき、刑の宣告を受けたとき
　　(10)　本規則に定める採用者提出書類を提出しないため、解雇の必要を認めたとき
　　(11)　本規則又は法人の定める諸規定・通達・決定事項の定めに違反したとき
　　(12)　前各号の他、解雇に相当する合理的事由があるとき

（解雇予告）
第11条　第10条により解雇する場合又は、第6条第2項により本採用しない場合は、次の各号の一に該当する場合を除き、30日前に本人に予告するか又は予告に代えて平均賃金30日分を支給する。
  (1) 試用期間中の者で採用の日より14日以内の者
  (2) 非常勤職員の責めに記すべき事由で解雇する場合
  (3) 天災事変等やむを得ない事由のため事業の継続が不可能となった場合

第3章　服　務

（服務の基本）
第12条　非常勤職員は職務の社会的責任を自覚し、社会福祉の向上及び法人の使命達成のため全力を挙げ、誠実に職務を遂行しなければならない。

（服務の心得）
第13条　非常勤職員は就業に当たり、次の事項を守らなければならない。
  (1) 利用者に対しては常に親切丁寧な態度で接し、利用者に不安と不信の念を起こさせないよう努めること。
  (2) 自己の服務に対し責任を重んじ、誠実に服務に努めること
  (3) 職員は互いに助け合い、礼儀を重んじ誠実に服務に努めること
  (4) 常に時間を尊重し、職務の慎重、敏速及び的確を期すこと
  (5) 職場の清潔整頓につとめること

（信用保持）
第14条　非常勤職員は、法人の信用を傷つけ、又は不名誉となる行動をしてはならない。

（服務規律）
第15条　非常勤職員は、次の各号に掲げる行為をしてはならない。
  (1) 業務上の秘密事項及び利用者の不利益となる個人情報や秘密事項を自己の担当かどうか、また、在職中かどうかを問わず他に漏らすこと。また、偽りその他不正な手段により個人情報を取得すること。
  (2) 施設内又は設備、備品等を私用で使用したり、業務に関係ない文書を掲示あるいは配布すること
  (3) 就業時間中に上司の許可なく職場を離れること
  (4) 法人の許可なく在籍のまま他の事業に従事したり、又はその他の労務、公務に服すること
  (5) 職務の権限を超えて専断的な行為をすること
  (6) 職務上の地位を利用して自己の利益を図ること
  (7) 利用者に対して、緊急時を除く身体的拘束や虐待などの身体的・精神的苦痛を与えるこ

2 職員は勤務場所等において、他の職員等に対し、相手方の望まない性的な言動により、それに対する相手方の対応によって業務遂行上で一定の不利益を与え、あるいは就労環境を悪化させる行為をしてはならない

(出勤)
第16条 非常勤職員は始業時刻までに出勤し、各自のタイムカードに打刻しなければならない。ただし、業務上の事由でタイムカードに打刻できなかったときは、事後遅滞なく届け出なければならない。

(欠勤の届出)
第17条 病気その他やむを得ない事由により欠勤する場合は、事前に理事長に届け出なければならない。ただし、事前に届け出ることができないときは、事後速やかに届け出なければならない。
2 病気欠勤が4日以上に及ぶ時は、医師の診断書を提出しなければならない
3 前項の診断書記載の欠勤予定日数を超えて、引き続き欠勤する時は、改めて医師の診断書を添えて、理事長に届け出なければならない

(無断欠勤)
第18条 職員が所定の手続きを経ないで欠勤したとき、虚偽の理由で欠勤したとき、年次有給休暇の請求に対して、合法的な理由に基づく時季変更権の行使によって変更したにも関わらず欠勤したときは、いずれも無断欠勤とする。

(遅刻・早退・外出)
第19条 遅刻・早退又は勤務中に外出しようとするときは、あらかじめ理事長の承認を受けなければならない。ただし、やむを得ない事由のあるときは、事後速やかに承認を受けなければならない。

第4章 勤　務

(労働時間及び休憩)
第20条 就業日の始業・終業の時刻並びに休憩時間については職種等により異なるので、労働条件通知書に明記する。
2 法人は業務の都合により所定の労働時間を超えて勤務させることがある。ただし、この場合は本人の同意を得るものとする。

(育児時間)
第21条 生後1年に達しない乳児を育てる女性非常勤職員が育児時間を請求した場合は、所定労働時間に応じて1日につき1～2回、それぞれ30分の育児時間を与える。ただし、無給とする。

（休日）
第22条　休日及び不就労日は、労働条件通知書に定める日とする。

（休日の振替）
第23条　業務の運営上やむを得ない事由が生じた場合は、休日を1週間以内の他の日に振り替えることがある。
　2　前項の場合は、前日までに振替による休日と労働日を特定して非常勤職員に通知するものとする。

（宿直）
第24条　業務上必要がある場合は、非常勤職員に対して宿直を命じることがある。
　2　宿直の業務内容、勤務時間等の必要事項については別に定める。

（出張）
第25条　業務上必要がある場合は、非常勤職員に出張を命ずることがある。
　2　出張その他業務上の必要から施設外で勤務する場合で、労働時間を算定しがたいときは、所定の労働時間を勤務したものとみなす。

（年次有給休暇）
第26条　月所定労働時間が126時間以上の非常勤職員が6か月継続勤務し、所定労働時間の8割以上出勤した者には年次有給休暇を与える。
　2　年次有給休暇は、所定の手続きにより非常勤職員が指定する時季に与えるものとする。ただし、事業上正常な運営を妨げる場合には他の時季に変更することができる。
　3　急病などでやむを得ず年次有給休暇をとる場合は、始業前に理事長に連絡をしなければならない。
　4　次の期間は、第1項の出勤率の算定上、出勤したものとみなす。
　　(1)　業務上の傷病による休業期間
　　(2)　年次有給休暇、生理休暇、育児、介護休業法による休業期間及び子の看護休暇並びに介護休暇、産前産後休暇
　　(3)　選挙権その他公民権を行使した日
　5　年次有給休暇のうち、その年度に行使しなかった日数は、翌年度に限り繰り越して使用することができる。
　6　年次有給休暇の期間については、所定労働時間労働した場合に支払われる通常の賃金を支払う。
　7　年次有給休暇を取得した職員に対して賃金の減額、その他不利益な取扱はしない。
　8　年次有給休暇の初年度の付与開始月は下表による。付与日数については、常勤職員の1か月の所定労働時間168時間を基準として、それぞれの契約労働時間に応じた日数を付与する。その後の付与日数も常勤職員の所定労働時間を基準として、付与基準月の4月に増加させ、20日を限度とする。

就職月	初年度付与月
4月	10月
5月	11月
6月	12月
7月	翌1月
8月	2月
9月	3月
10月	4月
11月	5月
12月	6月
1月	7月
2月	8月
3月	9月

(特別休暇)

第27条　非常勤職員は次の各号の一に該当するときは、特別休暇を請求することができる。
　　(1) 本人が結婚するとき　　　　　　　　　　引き続く5日
　　(2) 子が結婚するとき　　　　　　　　　　　1日
　　(3) 父母、配偶者、子が死亡したとき　　　　5日
　　(4) 祖父母、兄弟姉妹、配偶者の親が死亡したとき　1日
　　(5) 配偶者が出産したとき　　　　　　　　　2日
　2　前項の休暇は、忌引休暇を除き、少なくとも2週間前に請求しなければならない。
　3　法人は特別休暇を与えることにより、正常な業務に支障のある場合には、請求の時季の変更を求めることができる。
　4　第1項の特別休暇は無給とする。

(生理休暇)

第28条　生理日の就業が著しく困難な女性非常勤職員には、その請求により就業を時間単位で免除する。ただし、無給とする。

(産前・産後休業)

第29条　6週間（多胎妊娠の場合には14週間）以内に出産予定の非常勤職員には請求により産前休業を与える。
　2　産後は出産日より8週間の産後休業を与える。ただし、産後6週間を経過した非常勤職員が請求し、その者について医師が支障ないと認めた業務に就かせる場合はこの限りではない。
　3　産前・産後休業は無給とする。

（母性健康管理の措置）
第30条　妊娠中及び出産後1年以内の女性非常勤職員が母子保健法による健康診査等のために勤務時間内に通院する必要がある場合は、請求により次の時間内通院を時間単位で認める。
　1　請求できる期間及び回数
　　イ　妊娠23週まで　　　　　　4週間に1回
　　ロ　妊娠24週から第35週まで　2週間に1回
　　ハ　妊娠36週以降　　　　　　1週間に1回
　　　ただし、医師又は助産師の指示がある場合は、その指示による回数を認める。
　2　妊娠中の女性非常勤職員に対し、法人は出勤、退勤各々30分の遅出、早退を認める。ただし、この遅出、早退を出勤時あるいは退勤時のいずれか一方にまとめ計60分として取得する場合は、あらかじめ届出るものとする。さらに、医師又は助産師による具体的な指示がある場合は、あらかじめ届出ることにより、その指示事項が守れる限度において遅出、早退を認める。
　3　妊娠中の女性非常勤職員が業務を長時間継続することが身体に負担になる場合、請求により所定の休憩以外に適宜休憩をとることを認める。
　4　妊娠中及び出産後1年以内の女性非常勤職員が、医師又は助産師から、勤務状態が健康状態に支障を及ぼすとの指示を受けた場合は、「母性健康管理指導事項連絡カード」の症状等に対応する次のことを認める。
　(1)　業務負担の軽減
　(2)　負担の少ない業務への転換
　(3)　勤務時間の短縮
　(4)　休業
　5　本条に基づく不就労に係る賃金は無給とする。

（育児休業等）
第31条　非常勤職員のうち希望する者は、法人に申し出て育児休業、子の看護休暇、育児のための時間外労働の免除及び深夜業の制限並びに育児短時間勤務の適用を受けることができる。
　2　1項の取り扱いについては、運営会議にて協議、決定する。

（介護休業等）
第32条　非常勤職員のうち希望する者は、法人に申し出て介護休業、介護休暇、介護のための時間外労働及び深夜業の制限並びに介護短時間勤務等の適用を受けることができる。
　2　1項の取り扱いについては、運営会議にて協議、決定する。

第5章　給与・退職金

（給与・退職金）
第33条　非常勤職員の給与および退職金は労働通知書に明示する。

第6章　安全衛生

（安全保持）
第34条　法人は、非常勤職員の健康管理及びその増進に努め、災害予防のために安全設備及び職場環境の改善充実に努めるものとする。
　　2　非常勤職員は、前項の設備及び環境の整備改善に努力し、法令又は安全及び衛生に関する事項を遵守して健康の保持及び災害の防止に努めなければならない。

（災害時の措置）
第35条　非常勤職員は、火災その他の災害を発見し、又はその危険を予知したときは、臨機の処置をとるとともに、直ちに上司及び関係者に連絡し、常勤職員と互いに協力してその被害の拡大を防止するように努めなければならない。

（健康診断）
第36条　法人は、引き続き1年以上使用され、または1年以上使用されることが予定されている月所定労働時間が126時間以上の非常勤職員に対して毎年健康診断を行い、非常勤職員はこれを受けなければならない。
　　2　調理従事者等は、毎年1回以上の検便を行わなければならない。

（就業禁止）
第37条　疾病のため他人に害を及ぼす恐れのある者その他医師が就業を不適当と認めた者は、就業を禁止する。

第7章　災害補償

（災害補償）
第38条　非常勤職員が業務上負傷し、又は疾病にかかったときは労働基準法の規定に従い、療養補償、傷害補償、休業補償を行う。
　　2　非常勤職員が業務上負傷し又は疾病にかかり療養のため休業する場合の最初の3日間については、法人は平均賃金の60％の休業補償を行う。

第8章　表彰及び懲戒

（表彰）
第39条　非常勤職員の勤務成績および運営上で顕著な功績があった者に、運営会議において審査の上、表彰することがある。

(懲戒)
第40条　非常勤職員が次の各号の一に該当する場合は、情状に応じて懲戒を行う。
    (1)　この規則または業務上の指示、命令に違反した場合
    (2)　職務上の義務に違反し、正当な理由なく遅刻、早退、欠勤を重ねた場合
    (3)　故意または重大な過失により業務を阻害する等、法人に損害を与えた場合
    (4)　職務上の怠慢または指揮監督の不行届によって、災害を引き起こした場合
    (5)　その他法人の職員としてふさわしくない非行があった場合

(懲戒の種類)
第41条　懲戒は次の6種類とする。
    (1)　けん責　——　始末書を取り、将来を戒める。
    (2)　減　給　——　始末書を取り、1回につき、平均賃金1日分の2分の1以内を減給
                    し将来を戒める。ただし、2回以上にわたる場合においてもその総額は、
                    一賃金支払期における賃金総額の10分の1以内とする。
    (3)　出勤停止　——　始末書を取り、7日以内を限度とした出勤を停止し、その期間の賃金
                      を支払わない。
    (4)　懲戒解雇　——　即時解雇する。所轄労働基準監督署長の認定を受けたときは、予告手
                      当を支給しない。
  2　前項の懲戒の他、非常勤職員が法人に損害を及ぼした時は、その損害を賠償させることが
     ある。

第9章　慶　弔

(祝い金、弔慰金)
第42条　有期契約職員の慶事の祝い金、弔辞の弔慰金等については別に定める慶弔規程による。

第10章　雑　則

(実施規定)
第43条　この規則に規定するもののほか、実施にあたっての細部についての必要な事項は、運営会
        議にて協議のうえ、決定する。
(改正)
第44条　この規則の改正は、理事会の議決を得る。

(附則)　この規則は平成26年　　月　　日より施行する

特定非営利活動法人 ○○○○○○

非常勤職員慶弔見舞金規程

(目的)
第1条　この規程は、非常勤職員及びその家族に慶弔のあったときの慶弔金及び見舞金の支給について定めたものである。

(支給事項の範囲)
第2条　慶弔金及び見舞金を支給する場合は以下の各号のとおりとする。
　　(1) 本人の結婚（結婚祝金）
　　(2) 本人または配偶者の出産（出産祝金）
　　(3) 本人の死亡（弔慰金）
　　(4) 家族の死亡（弔慰金）
　　(5) 本人の入院（傷病見舞金）
　　(6) その他必要と認められたとき

(届出義務)
第3条　非常勤職員またはその関係者がこの規程により慶弔金または見舞金を受けようとするときは、その事実を証明する書類を添付または掲示し、理事長に届け出ることを要する。

(受給資格)
第4条　この規程の適用は、満1年以上在籍する非常勤職員に限るものとする。

(結婚祝金)
第5条　非常勤職員が結婚したときは、祝金として10,000円を支給する。

(出産祝金)
第6条　非常勤職員またはその配偶者が出産したときは、祝金として5,000円を支給する。

(弔慰金)
第7条
　　(1) 職員が業務上の事故等により死亡した場合は、弔慰金として、30,000円を支給する。
　　(2) 職員が業務に起因しない事由により死亡した場合は、弔慰金として10,000円を支給する。

（家族の死亡）
第8条　非常勤職員の家族の死亡については、以下の各号の基準に基づき弔慰金を支給する。
　　(1) 配偶者の死亡の場合　　　　　　　　10,000円
　　(2) 子・父母・同居の義父母の死亡の場合　5,000円

（傷病見舞金）
第9条　非常勤職員が入院し、その期間が連続20日以上に及んだときには、次のとおり見舞金を支給する。
　　(1) 業務上の傷病の場合　　10,000円
　　(2) 業務外の傷病の場合　　 5,000円

（その他の慶弔見舞金）
第10条　前各条に定めないものでも、状況により運営会議において、支給の必要のあると認めた場合には、慶弔見舞金を支給することがある。

（重複支給の禁止）
第11条　同一世帯の2名以上の非常勤職員が勤務している場合、慶弔見舞金支給にかかる事由が発生しても原則として重複して支給はしない。

附則
　　この規程は平成　　年　　月　　日から施行する

著者略歴

仲本 静子（なかもと しずこ）

1943年10月　東京に生まれる。
1967年3月　東京都立大学人文学部哲学科卒。
NPO法人ハンディキャップサポート「ウーノ」の会理
　事を経て，現在NPO法人スマイルほうや代表理事。

《著書》
『しょうちゃんの日記』創風社，2005年。
江口季好編『知的障害者の青年期への自立をめざして』
　同成社，2007年，に執筆参加。

グループホームの作り方──ハンディのある人の住む所──

| 2017年11月10日　第1版第1刷印刷 | 著　者　仲本　静子 |
| 2017年11月20日　第1版第1刷発行 | 発行者　千田　顯史 |

〒113─0033　東京都文京区本郷4丁目17─2

発行所　　（株）創風社　電話（03）3818─4161　FAX（03）3818─4173
　　　　　　　　　　　振替 00120─1─129648
　　　　　　　　　　　http://www.soufusha.co.jp

落丁本・乱丁本はおとりかえいたします。　　　　印刷・製本　協友印刷

ISBN978─4─88352─242─2